我爱诵读

WOAI SONGDU

益博轩青少年阅读研究机构 ◎ 编著

6A级

儿童诵读首选品牌

我爱学母语 WOAIXUE MUYU

母语教育第一读本

与语文课本搭配使用的小学诵读教材

北京联合出版公司
Beijing United Publishing Co.,Ltd.

图书在版编目（CIP）数据

我爱诵读. 6A级 / 北京益博轩青少年阅读研究机构
编著. --北京：北京联合出版公司，2013.11
　　（我爱学母语）
　　ISBN 978-7-5502-2224-3

　　Ⅰ.①我… Ⅱ.①北… Ⅲ.①阅读课-小学-教学参考资料
Ⅳ.①G624.233

　　中国版本图书馆CIP数据核字（2013）第263957号

我爱诵读·6A级

选题策划：益博轩

项目策划：杨翠艳

责任编辑：徐秀琴

北京联合出版公司

（北京市西城区德外大街83号楼9层　　100088）

北京市通州富达印刷厂印刷　新华书店经销

字数120千字　880毫米×1230毫米　1/16　10印张

2013年12月第1版　　2013年12月第1次印刷

ISBN 978-7-5502-2224-3

定价：23.80元

前 言
PREFACE

诵读就是吟咏和朗读，它是一种眼、口、脑、耳并用的读书活动。

一篇优秀的经典诗文，有生动的情景描写，有严谨的语法修辞，有巧妙的构思布局，有优美的音韵节奏等，这许多妙处非反复诵读不能体会；现代很多的学者、教育家，如叶圣陶、夏丏尊、朱自清等也一致强调诵读，都认为诵读是学习国文的必要方法。

也许有人以为幼小的孩子还不能理解文学作品的内容意义，不能理解那些作家们的思想和感情，怎么能诵读下去呢？这种担心是不必要的，因为有时候孩子不需要理解就能学习。著名的诺贝尔物理奖得主杨振宁先生曾提出一种不必先求理解的所谓"渗透性"的学习法。他说："渗透性学习方法就是在学习的时候对学习的内容还不太清楚，但就在这不太清楚的过程中，已经一点一滴地学到了许多东西。""这种在还不完全懂的情况下，以体会的方法进行学习，是一种非常重要的学习方法。"因此，要让孩子多读多诵，积少成多，然后融会贯通，化为己有。

近年来，随着素质教育的推行，培养和增强学生"语感"成了语文学习的主要目标之一。诵读这种传统的方法又回归到现代的语文教学，回归到课堂。与此同时，我们编选了这部国内首套可以与语文课本搭配使用的小学诵读教材——《我爱诵读》。

这套教材在人教教材执行主编和多位一线优秀教师的共同指导下进行编选，选篇原则是几乎涵盖小学语文教学所有内容。全书按文学类型设置单元，大体归纳为以下几部分：

"古诗文"部分不仅选入新课标两次修订要求的"小学生必背古诗80首"和"小学必背古诗70首"中的古诗词，而且收录了小学语文各大版本教材中的古诗词和文言文；

"国学"部分为中华传统诵读（包括蒙学）的内容，如《三字经》《弟子规》《老子》《庄子》《论语》等等，多节选耳熟能详、朗朗上口的篇目；

　　"名著名篇"部分除"小学推荐必读书目"外，还增加了小学语文教材中名家作品的拓展阅读，体裁有童话、散文、小说等，以节选广为传诵的篇章为主；

　　"现代诗歌"部分精选了中外近现代和当代名家的优秀诗歌，短小精悍，易于记诵。

　　这套教材分为1～6年级，按学生学习、领悟、情感、言语的阶段性特征，以及精神成长的需要建立了一个循序渐进的阅读体系，适宜儿童身心发展。所有选篇均为大字版（1、2年级有注音），并配有插图。另外，为方便学生自主阅读，根据文章难易程度还设有"难词逐个解""微博在线""美文共欣赏"等栏目。全书结构形式灵活，使学生在诵读的时候没有枯燥感。

　　通过诵读这套教材，学生不仅可以有效地提高识字能力、理解能力、记忆能力、语言表达能力等，而且可以从小受到传统文化的熏陶，提高道德水平和文化修养。我们希望通过优质的阅读与母语教育，培养学生的语文兴趣，打开学生的想象之门，以及对未来的美好憧憬，让他们成长为豁达乐观、富有爱心，对社会和人类更为关怀的人。

编　者

Contents 目录

第一单元
古诗词

第二单元
现代诗

第三单元
国学经典

第四单元
经典名篇

第五单元
名家名篇

第六单元
推荐必读书目

第一单元

古诗词

　　学习古诗词，诵读是必不可少的环节，要诵读好一首诗，就必须掌握朗诵技巧，如音调的高低、音量的大小、声音的强弱、速度的快慢等，有对比、有起伏、有变化，使整个朗诵犹如一曲优美的乐章。

　　另外，要完全理解古诗词所作的背景，了解诗人要抒发的情感，再根据具体的句子，尽量把自己想象成诗人或者诗歌的主人公，真实地体会古诗词的情感，将自己融入其中，自然会取得很好的效果。

渡荆门送别

〔唐〕李白

渡远荆门①外，来从楚国游。

山随平野尽，江入大荒流。

月下飞天镜，云生结海楼②。

仍怜③故乡水④，万里送行舟。

难词逐个解

①荆门：荆门山，在现在湖北宜都西北长江南岸，与北岸虎牙山对峙，形势险要。

②海楼：海市蜃楼，这里形容江上云霞的美丽景象。

③怜：爱。有的写作"连"。

④故乡水：指从四川流来的长江水。因诗人从小生活在四川，把四川称做故乡。

微博在线

贬下凡间的诗仙——李白

李白（701—762），字太白，号青莲居士，唐代伟大的浪漫主义诗人，被称为"诗仙"。他的诗风雄奇豪放，想象丰富大胆，语言流转自然，音律和谐多变。他善于从民歌、神话中汲取营养素材，构成其特有的瑰丽绚烂的色彩，是屈原以来积极浪漫主义诗歌的新高峰。

古诗今译

自荆门之外的西蜀沿江东下，我来到了楚地去游玩。崇山随着荒野出现渐渐逝尽，长江进入了莽原也缓缓而流。月影倒映江中像是飞来天镜，云层缔构城郭幻出海市蜃楼。我依然怜爱这来自故乡之水，行程万里继续漂送我的行舟。

美文共欣赏

唐开元十四年（726），诗人怀着"仗剑去国，辞亲远游"之情，出蜀东下，此诗即在旅游途中所作。这首诗意境高远，风格雄健，形象奇伟，想象瑰丽。"山随平野尽，江入大荒流"，写得逼真如画，犹如一幅长江出峡渡荆门长轴山水图，将长江中游数万里山势与水流的景色展示在读者眼前。

送孟浩然之^①广陵

[唐] 李白

故人^②西辞^③黄鹤楼，
烟花^④三月下扬州。
孤帆远影碧空尽，
唯见长江天际流。

难词逐个解

① 之：往，到。
② 故人：老朋友，这里指孟浩然。
③ 西辞：向西告别。因为孟浩然要去的扬州，在黄鹤楼的东边，故称向西告别。
④ 烟花：形容柳絮如烟，繁花似锦的春天景物。

古诗今译

我的老朋友就要辞别黄鹤楼，在繁花盛开的三月去游扬州。一片白帆消失在蓝天的尽头，眼前只剩下长江向天际奔流。

美文共欣赏

这是送别诗，寓情于景。首句点出送别的地点：一代名胜黄鹤楼；二句写送别的时间与去向："烟花三月"的春色和东南形胜的"扬州"；三四句写送别的场景：目送孤帆远去，只留一江春水。诗以绚丽斑驳的烟花春色和浩瀚无边的长江为背景，极尽渲染之能事，绘出了一幅意境开阔，情丝不绝，色彩明快，风流倜傥的诗人送别画。

早春呈①水部张十八员外

［唐］韩愈

天街②小雨润如酥③，
草色遥看近却无。
最是一年春好处，
绝胜④烟柳满皇都⑤。

难词逐个解

① 呈：恭敬地送给。
② 天街：京城的街道。
③ 酥：酥油。
④ 绝胜：大大超过。
⑤ 皇都：指京城长安。

微博在线

"文人之雄"——韩昌黎

韩愈（768—824），唐代文学家、哲学家。字退之，河阳（今河南焦作孟州市）人，汉族。祖籍河北昌黎，世称韩昌黎。晚年任吏部侍郎，又称韩吏部。谥号"文"，又称韩文公。他与柳宗元同为唐代古文运动的倡导者，主张学习先秦两汉的散文语言，破骈为散，扩大文言文的表达功能。宋代苏轼称他"文起八代之衰"，明人推他为"唐宋八大家"之首，与柳宗元并称"韩柳"，有"文章巨公"和"百代文宗"之名。

古诗今译

京城大道上空丝雨纷纷，它像乳汁般细密而滋润，远望草色依稀连成一片，近看时却显得稀疏零星。这是一年中最美的景色，远胜过绿杨满城的暮春。

美文共欣赏

第一句用比喻手法，写天街小雨的轻柔。第二句是诗中名句，以传神之笔，写春色之轻淡，似有似无。整首诗刻画细腻，造句优美，构思新颖，给人一种早春时节湿润、舒适和清新之美感。

秋 夕①

[唐] 杜牧

银烛②秋光冷画屏，
轻罗小扇③扑流萤。
天阶④夜色凉如水，
坐看牵牛织女星。

难词逐个解

① 秋夕：秋天的夜晚。
② 银烛：白色而精美的蜡烛。
③ 轻罗小扇：轻巧的丝质团扇。
④ 天阶：天庭，即天上。

微博在线

晚唐"小杜甫"——杜牧

杜牧（803—约852），汉族，字牧之，号樊川居士，京兆万年（今陕西西安）人，宰相杜佑之孙。晚唐杰出诗人，尤以七言绝句著称。擅长文赋，其《阿房宫赋》为后世传诵。人称"小杜"，以别于杜甫。与李商隐并称"小李杜"。

古诗今译

秋夜，白色的烛光映着冷清的画屏；我手执绫罗小扇，轻盈地扑打流萤。天街上的夜色，有如井水般清凉；卧榻仰望星空，牵牛星正对织女星。

美文共欣赏

　　诗人用白描的手法，描写了失意宫女生活的孤寂与幽怨。首句写秋景，用一"冷"字，暗示寒秋气氛，又衬出主人公内心的孤凄。第三句，天阶上洒着月亮的清辉，秋风袭来，就只能给人以"凉"感觉，这个凉也象征着宫女心境的悲凉。蘅塘退士评曰："层层布景，是一幅着色人物画。只'卧看'两字，逗出情思，便通身灵动。"

鹿　柴

［唐］王维

空山^①不见人，

但闻人语响^②。

返景^③入深林，

复^④照青苔上。

※ 难词逐个解 ※

① 空山：指寂静的山。

② 但闻：只听见。人语响：有人说话的声音。

③ 返景（yǐng）：同"返影"，即落日返照的阳光。

④ 复：又。

※ 微博在线 ※

隐居山水田园中的"诗佛"——王维

　　王维（701—761），唐代著名诗人，字摩诘，蒲州（今山西省永济县）人，祖籍太原祁州（今山西省祁县）。因官至尚书右丞，人们又叫他"王右丞"。他有很多方面的艺术才能，能诗善画，还擅长书法、音乐，精通佛理。王维是唐代山水田园诗派的杰出代表，与孟浩然齐名，并称"王孟"。他继承和发展了谢灵运开创的写作山水诗的传统，对陶渊明田园诗的清新自然也有所吸取，使山水田园诗的成就达到了一个高峰，因而在中国诗歌史上占有重要的位置。北宋大诗人苏轼曾赞誉他说："味摩诘之诗，诗中有画；观摩诘之画，画中有诗。"

※ 古诗今译 ※

　　山中空空荡荡不见人影，只听得喧哗的人语声响。夕阳的金光射入深林中，青苔上映着昏黄的微光。

‖ 美文共欣赏 ‖

　　这首诗描绘了鹿柴附近的空山森林在傍晚时分的幽静景色。前两句以人的话语声来反衬空山的幽静，着重从听觉方面描写环境。后两句以夕阳返照来反衬山林深处的幽暗，是从视觉上来描写环境。听觉与视觉相结合，构成了一幅空山人语、深林夕照的静美画面。从中我们能够体会到诗人对大自然的细致观察、潜心默会，和他偏于冷寂的审美趣味。

杂 诗

［唐］ 王维

君自故乡来，
应知故乡事。
来日①绮窗②前，
寒梅著花③未？

※ 难词逐个解 ※

① 来日：指动身前来的那天。
② 绮窗：雕饰精美的窗子。
③ 著花：开花。

※ 古诗今译 ※

　　您是刚从我们家乡出来，一定了解家乡人情事态；请问您来时我家绮窗前，那一株腊梅花开了没有？

‖ 美文共欣赏 ‖

　　这是一首抒写怀乡之情的诗。原诗有三首，这是第二首。诗以白描记言的手法，简洁而形象地刻画了主人公思乡的情感。对于离乡游子而言，故乡可怀念的东西很多。然而诗不写眷怀山川景物，风土人情，却写眷念窗前"寒梅著花未"，真是"于细微处见精神"，寓巧于朴，韵味浓郁，栩栩如生。

庭 竹

[唐] 刘禹锡

露涤①铅粉②节③，
风摇青玉枝④。
依依⑤似君子，
无地不相宜。

难词逐个解

① 涤：涤荡、扫除。
② 铅粉：古代女子搽脸用的粉。
③ 节：指竹节。这一句形容竹子洗净铅华，呈现出自然的风韵。
④ 青玉枝：是说竹叶翠绿，宛如青色的玉石一般润泽光洁。
⑤ 依依：轻柔的样子。

微博在线

安于陋室的"诗豪"——刘禹锡

刘禹锡（772—842），字梦得，唐代中期诗人、文学家、哲学家、政治家，有"诗豪"之称，世称"刘宾客"。刘禹锡生于嘉兴（当时属苏州），彭城（今江苏徐州）或河南洛阳人（有待考证），汉族，自言系出中山（今河北定县）。他的诗大都反映民众生活和风土人情，题材广阔，风格上汲取巴蜀民歌含蓄婉转、朴素优美的特色，清新自然，健康活泼，充满生活情趣。

古诗今译

露水荡涤了竹子上的粉尘，风儿摇动着润泽光洁的竹枝。轻柔的竹子颇有君子之风，千村万陌，无处不有。

美文共欣赏

这首诗诗面写竹，竹之直节挺立，犹君子之风，千村万陌，无处不有。暗喻自己是和竹子一样的君子，无论到哪里都可以清高自立。

次①北固山下

[唐] 王湾

客路青山外，行舟绿水前。

潮平两岸阔，风正一帆悬。

海日生残夜②，江春入旧年③。

乡书何处达？归雁洛阳边。

难词逐个解

① 次：停歇，这里指停船。
② 残夜：夜色已残，指天将破晓。
③ 旧年：过去的一年。指旧年未尽，春之气息已到，点明节候已到初春。

微博在线

王湾"一句能令万古传"

　　王湾（693—751），唐代诗人。字号不详。洛阳（今属河南）人。王湾作为开元初年的北方诗人，往来于吴楚间，被江南清丽山水所倾倒，并受到当时吴中诗人清秀诗风的影响，写下了一些歌咏江南山水的作品，《次北固山下》就是其中最为著名的一篇。尤其其中"海日生残夜，江春入旧年"两句，被认为是"何如海日生残夜，一句能令万古传"。

古诗今译

　　我的旅途之路经过苍苍的北固山下，船儿行驶在绿水间。春潮涌涨，两岸显得更加开阔，顺风行船恰好把帆儿高悬。红日冲破残夜从海上升起，江上春早年底就春风拂面。家书不知寄到哪里？请归去的大雁把信带到洛阳吧。

‖美文共欣赏‖

　　此诗写冬末春初、作者行船至北固山下时看到的两岸春景。先写青山重叠，小路蜿蜒，碧波荡漾，小船轻疾。第二句描摹长江下游潮涨江阔，波涛滚滚，诗人扬帆东下的壮观景象，气概豪迈。末句为历来传诵的名句，以归雁传书表达了作者对家乡的思念，春景和乡思和谐交融。

黄鹤楼

〔唐〕崔颢

昔人已乘黄鹤去，

此地空余黄鹤楼。

黄鹤一去不复返，

白云千载空悠悠^①。

晴川历历^②汉阳树，

芳草萋萋鹦鹉洲。

日暮乡关何处是？

烟波江上使人愁。

❀ 难词逐个解 ❀

① 悠悠：久远的意思。
② 历历：清晰、分明的样子。

❀ 微博在线 ❀

崔颢的宦海浮沉

　　崔颢（704？—754），汴州（开封）人氏，唐玄宗开元 11 年（723）进士。他宦海浮沉，终不得志。崔颢在 20 岁得中进士以后，也只好远离京城长安而浪迹江湖。20 年中他足迹遍及大江南北，自淮楚而至武昌、而河东，最后还到了东北。估计他这 20 年是放了外官，或者跟随外官做幕僚，最后才回到长安，做了京官，结束了风尘之苦。

古诗今译

　　过去的仙人已经驾着黄鹤飞走了，这里只留下一座空荡荡的黄鹤楼；黄鹤一去再也没有回来，千百年来只看见悠悠的白云；阳光照耀下的汉阳树木清晰可见，鹦鹉洲上有一片碧绿的芳草覆盖；天色已晚，眺望远方，故乡在哪儿呢？眼前只见一片雾霭笼罩江面，给人带来深深的愁绪。

美文共欣赏

　　这是一首登楼怀古思念乡土的传世佳作，诗人登临古迹黄鹤楼，泛览眼前景物，即景而生情，诗兴大作，脱口而出，一泻千里，既自然宏丽，又饶有风骨。首两联劈空写来，发人去楼空、岁月不再之慨，寄托着诗人入世虚无的悲叹。末两联，以明丽之景写江中景色之美，画面顿生明暗对比，但随即落笔暮霭烟波，景致陡暗，原来是乐景写哀，归思难收，令人读罢，如幻如梦，愁绪无限。本诗借神话传说由黄鹤一去不返空留悠悠白云，表现人生有限宇宙无穷的思想，抒写了作者怀家思乡的深情。全诗气象雄浑，意蕴深厚。诗虽不协律，但音节清晰而不拗口。真是信手而就，一气呵成，成为历代所推崇的珍品。传说李白登此楼，目睹此诗，大为折服。说："眼前有景道不得，崔颢题诗在上头。"

登幽州台歌

〔唐〕陈子昂

前不见古人，后不见来者。
念天地之悠悠①，独怆然②而涕③下！

难词逐个解

① 悠悠：无穷无尽的意思。　② 怆然：悲痛伤感的样子。　③ 涕：眼泪。

微博在线

唐诗革新的开拓者——陈子昂

　　陈子昂（661—702），初唐著名诗人，字伯玉，梓州射洪（今四川省射洪县）人，唐睿宗文明元年（684）进士，官至右拾遗。唐代初期诗歌，沿袭六朝余习，风格绮靡纤弱，陈子昂挺身而出，力图扭转这种倾向。陈子昂的诗歌，以其进步、充实的思想内容，质朴、刚健的语言风格，对整个唐代诗歌产生了巨大影响。

古诗今译

　　放眼望去哪有古贤人的踪影，回头看看也不见一个效法古贤的今人。想到那天悠悠而高远、地悠悠而广袤的天地之间，唯独我一人登台感怀，更觉得凄怆心酸，禁不住泪流满面沾湿了衣襟！

美文共欣赏

　　这首诗写于万岁通天元年（696）。由于契丹李尽忠、孙万荣等反叛，攻陷营州，武则天命建安王武攸宜率军讨伐之，陈子昂随军参谋。武攸宜出身亲贵，不晓军事，使前军陷没，陈子昂进献奇计，却未被采纳。他不忍见危不救，几天后再次进谏，结果激怒了武攸宜，被贬为军曹。他满怀悲愤地登上蓟北楼，写下了这首震惊千古的《登幽州台歌》。诗人俯仰古今，深感人生短暂，宇宙无限，不觉中流下热泪。这是诗人空怀抱国为民之心不得施展的呐喊。细细读来，悲壮苍凉之气油然而生，而长短不齐的句法，抑扬变化的音节，更增添了艺术感染力。

赤 壁

[唐] 杜牧

折戟沉沙①铁未销，

自将磨洗认前朝。

东风②不与周郎③便，

铜雀春深锁二乔④。

难词逐个解

① 折戟沉沙：断了戟没入沙中。戟是一种武器。
② 东风：东吴以火攻攻打西面的曹营要借助东风。
③ 周郎：周瑜，吴军统率。
④ 二乔：吴国二美女，大乔嫁给孙策；小乔嫁给周瑜。

古诗今译

断戟沉没泥沙中，六百年来竟未销熔，拿来磨洗，认出是赤壁之战所用。假使当年东风不给周瑜的火攻之计提供方便，大乔小乔就要被曹操锁闭在铜雀台中成为他的小妾了。

美文共欣赏

这首诗是作者经过赤壁（今湖北省武昌县西南赤矶山）这个著名的古战场，有感于三国时代的英雄成败而写下的。诗以地名为题，实则是怀古咏史之作，抒发的是对国家兴亡的感慨，可谓大内容，大主题，但这大内容、大主题却是通过"小物""小事"来显示的。诗的开头两句由一个小小的沉埋于沙中的"折戟"，想到汉末分裂动乱的年代，想到赤壁之战的风云人物，后二句把"二乔"不曾被捉这件小事与东吴霸业、三国鼎立的大主题联系起来，写得具体、可感。《赤壁》借周瑜和曹操的故事，表现了诗人英雄无用武之地的抑郁不平之气。

望 岳

[唐] 杜甫

岱宗夫如何？齐鲁青①未了。

造化②钟③神秀，阴阳割④昏晓。

荡胸生曾⑤云，决眦入归鸟。

会当⑥凌绝顶，一览众山小。

① 青：山色。

② 造化：天地，大自然。

③ 钟：聚集。

④ 割：划分。这句是说，泰山横天蔽日，山
   南向阳，天色明亮；山北背阴，天色晦暗。
   同一时刻却是两个世界。

⑤ 曾：通"层"。

⑭ 会当：终当，终要。

※ 微博在线 ※

忧国忧民的"诗史"—— 杜甫

杜甫（712—770），字子美，号少陵野老，世称杜少陵、杜工部。汉族，河南巩县（今郑州巩义）人，原籍湖北襄阳。唐代伟大的现实主义诗人、世称"诗圣"、世界文化名人，与李白并称"李杜"。杜甫生活在唐朝由盛转衰的历史时期，其诗多涉及社会动荡、政治黑暗、人民疾苦，他的诗被誉为"诗史"。杜甫忧国忧民，人格高尚，诗艺精湛，被后世尊称为"诗圣"。杜甫一生写诗1400多首，其中很多是传颂千古的名篇，杜甫的诗篇流传数量是唐诗里最多最广泛的，是唐代最杰出的诗人之一，对后世影响深远。

※ 古诗今译 ※

岳之首泰山的景象怎么样？在齐鲁大地上连绵不断看不尽它的青色。大自然把山岳的奇异景象全都赋予了泰山，它使山南山北一面明亮一面昏暗，截然

不同。层层云升腾，跳荡心胸，飞鸟归山，映入眼帘。一定要登上泰山的顶峰，那时眺望，四周重重山峦定会看起来显得渺小。

美文共欣赏

这首诗是杜甫的早期作品。唐玄宗开元二十四年（736），年轻的诗人离开了长安，到兖州（今属山东省）去省亲——其父杜闲当时任兖州司马。此后大约三四年内，他一直在山东、河北一带漫游，结交了不少朋友。这首诗就是这期间写的。诗中热情地赞美了泰山高大雄伟的气势和神奇秀丽的景色，也透露了诗人早年的远大抱负，历来被誉为歌咏泰山的名篇。人们在品读此诗时，除了感受到泰山之雄伟外，恐怕更多的是被诗中那种"会当凌绝顶，一览众山小"的胸怀所激动、感染，因为这既是盛唐的时代精神的概括，又给人们留下很深的启示。

寒 食

[唐] 韩翃

春城无处不飞花，
寒食东风御柳①斜。
日暮汉官传蜡烛②，
轻烟散入五侯家。

难词逐个解

① 御柳：御苑之柳，旧俗每于寒食折柳插门。
② 蜡烛：《唐辇下岁时记》："清明日取榆柳之火以赐近臣。"

微博在线

大历十才子——韩翃

韩翃，字君平，南阳人。登天宝十三载进士第，淄青侯希逸、宣武李勉相继辟幕府。建中初，以诗受知德宗，除驾部郎中、知制诰，擢中书舍人卒。

"大历十才子"之一。为诗兴致繁富，一篇一咏，朝野珍之。原有诗集，后散佚，明人辑有《韩君平集》。

古诗今译

暮春的长安城里漫天舞着杨花，寒食节东风吹斜了宫中的柳树，黄昏开始宫里颁赐新蜡烛，率先升起在皇帝贵戚家。

美文共欣赏

这是一首讽刺诗，但诗人的笔法巧妙含蓄。从表面上看，似乎只是描绘了一幅寒食节长安城内富于浓郁情味的风俗画。实际上，透过字里行间可感受到作者怀着强烈的不满，对当时权势显赫、作威作福的宦官进行了深刻的讽刺。中唐以后，几任昏君都宠幸宦官，以致他们的权势很大，败坏朝政，排斥朝官，正直人士对此都极为愤慨。本诗正是因此而发。

菩萨蛮·书江西造口壁

[宋] 辛弃疾

郁孤台下清江水，中间多少行人泪？

西北望长安，可怜无数山。

青山遮不住，毕竟东流去。

江晚正愁余，山深闻鹧鸪①。

难词逐个解

① 闻鹧鸪：汉代杨孚《异物志》："鹧鸪其志怀南，不思北，其鸣呼飞，'但南不北'。"词人用它来嘲讽南宋小朝廷不想恢复北方。

微博在线

中国历史上伟大的豪放派词人——辛弃疾

辛弃疾（1140—1207），南宋词人。原字坦夫，改字幼安，号稼轩，历城（今山东省济南市历城区遥墙镇四风闸村）人。我国历史上伟大的豪放派词人和爱国者，与苏轼齐名，号称"苏辛"，与李清照一起并称"济南二安"。他出生时，中原已为金兵所占。21岁，辛弃疾参加抗金义军，不久归南宋。历任湖北、江西、湖南、福建、浙东安抚使等职。一生力主抗金。曾上《美芹十论》与《九议》，条陈战守之策，显示其卓越军事才能与爱国热忱。他的词也将强烈的爱国主义思想和战斗精神抒发得淋漓尽致。

古诗今译

　　郁孤台的下面有条清江水，江中注入多少远行人的眼泪？放眼朝西北望去就是长安，多么可爱的无数群山。青山遮拦不住，到底江水还是向东奔流而去！江边日晚我正满怀愁绪，听到深山传来声声鹧鸪。

美文共欣赏

　　这首词的开篇用了比兴手法。辛弃疾登上郁孤台，回想四十七年前金兵长驱直入江南、江西腹地，南宋几乎灭亡之事，从奔腾的清江之水，想到了当年隆太后一行匆匆逃窜的场景，以及因家国破乱而洒下的痛楚之泪。由水及泪，意象转换极为自然。开篇运用比兴手法，以眼前景道心上事，达到意内言外之极高境界。上片寓情于景，写登台远眺时产生的种种复杂情感。前两句以虚笔写山河破碎的憾恨，后两句写对祖国的无限思念。下片以江水为喻，抒写抗金复国的决心和壮志难酬的苦闷。全词从抒情结构上呈现出抑、扬、抑、扬、抑的格局，大开大合，起伏顿挫。

清平乐二首（二）

［宋］辛弃疾

绕床饥鼠，

蝙蝠翻灯舞。

屋上松风吹急雨，

破纸窗间自语①。

平生塞北江南，

归来华发苍颜。

布被秋宵梦觉②，

眼前万里江山。

※ 难词逐个解 ※

① 自语：自然而又风趣地将风吹纸响拟人化、性格化。

② 秋宵梦觉：指出了时令，同时也暗示了主人公难以入睡。

※ 古诗今译 ※

夜出觅食的饥鼠绕床爬行，蝙蝠居然也到室内围灯翻飞，而屋外却正逢风雨交加，破裂的糊窗纸也在鸣响。我为了国事奔驰于塞北江南，失意归来后已是头发花白、容颜苍老的老人。秋天夜里睡得不沉，半夜突然醒来，眼前还是梦里祖国的"万里江山"。

‖美文共欣赏‖

这首词上半部分描绘了一幅萧瑟破败的风情画。而下半部分作者抒发了自己仍心怀祖国河山，不坠壮志的感情。作者眼里看到的是到处破败，凄凉的景色，而心里想到的却是祖国的万里江山，自己南征北战的雄心壮志，以及些微惆怅。通过画面，我们几乎可以触摸到作者那颗激烈跳动着的凄苦的心，那颗热爱祖国大好河山的执著的心！

四时田园杂兴① （选一）

［宋］范成大

乌鸟投林②过客稀，

前山烟暝③到柴扉。

小童一棹④舟如叶⑤，

独自编阑⑥鸭阵归。

难词逐个解

① 杂兴：各种兴致。
② 投林：回到树林。
③ 烟暝：暮霭云气。
④ 棹：船桨。
⑤ 舟如叶：形容舟小。
⑥ 编阑：阻拦。

微博在线

乡村诗人——范成大

范成大（1126—1193），字致能，号石湖居士，南宋诗人，谥文穆。继承了白居易、王建、张籍等诗人新乐府的现实主义精神，终于自成一家。风格平易浅显、清新妩媚。他与杨万里、陆游、尤袤合称南宋"中兴四大诗人"。他的诗题材广泛，以反映农村社会生活内容的作品成就最高。

古诗今译

鸟儿回到了树林，过往客人已稀少，前山的暮霭云气也到了柴门。小孩正划着小船，独自驱赶一群鸭子回家。

‖美文共欣赏‖

《四时田园杂兴》是诗人退居家乡后写的一组大型的田园杂感诗，共六十首，描写农村春、夏、秋、冬四个季节的景色和农民的生活，同时也反映了农民遭受的剥削以及生活的困苦。这是其中的一首，前两句写乡村男耕女织，日夜辛劳，表现了诗人对劳动人民的同情和敬重。后两句生动地描写了农村儿童参加力所能及的劳动的情景，流露出对热爱劳动的农村儿童的赞扬。诗中描写的儿童形象，天真淳朴，令人喜爱。全诗有概述，有特写，从不同侧面反映出乡村男女老少参加劳动的情景，具有浓郁的生活气息。

四时田园杂兴（选二）

[宋] 范成大

新筑场泥①镜面平，
家家打稻趁②霜晴。
笑歌声里轻雷动，
一夜连枷③响到明。

❀ 难词逐个解 ❀

① 场泥：是指供打稻谷的用泥筑的简陋场地。
② 趁：是利用时间、机会之意。
③ 连枷：是一种打场用的农具。

❀ 古诗今译 ❀

新筑的打谷场，地面打得像镜子一样平。家家户户都趁着这霜后的晴天在打稻子。歌声笑语之中隐隐约约听到了雷鸣。怕天下雨，只好连夜打场，连枷的响声直响到第二天天大亮。

║ 美文共欣赏 ║

诗歌描绘了一派丰收的景象。粮食就是农民的性命，有希望全家吃上饱饭，累死都心甘情愿。连枷打在稻穗上，发出啪啪的响声，响声里夹杂着人们的歌声笑语，他们一直干到天明。这是一种发自内心的喜悦，在这歌声笑语里，我们完全能够感受到劳动人民的淳朴、厚道和他们易于知足的心态。

过零丁洋

［宋］文天祥

辛苦遭逢起一经①，

干戈②寥落四周星。

山河破碎风飘絮，

身世浮沉雨打萍。

惶恐滩头说惶恐③，

零丁洋里叹零丁。

人生自古谁无死，

留取丹心照汗青④！

难词逐个解

① 起一经：指自己由科甲出身。古代科举时，每人都要考试自己所专门研究的一种经书。文天祥考取状元，又做到丞相，但他所处的时代，宋国已经濒于危亡，他支撑残局，非常辛苦，所以首句这么说。经：经书，指重要的古代经典，如《易经》《书经》《诗经》《春秋》等。

② 干戈：旧时的武器，这里借指战争。

③ 惶恐：这里是紧张、匆忙的意思，引申也有惭愧的意思。

④ 汗青：指历史书册。古时没有纸，人们在竹片上写书，制竹片需用火烤去青竹皮上的汗（水分），这样才容易书写，所以叫"汗青"。后人就用"汗青"作为史册的代称。

微博在线

宁死不屈，义留汗青的文天祥

　　文天祥（1236—1283），汉族，吉州庐陵（今江西吉安县）人，南宋抗元英雄，初名云孙，字天祥。选中贡士后，换以天祥为名，改字履善。宝祐四年（1256）中状元后再改字宋瑞，后因住过文山，而号文山，又有号浮休道人。

文天祥以忠烈名传后世，受俘期间，元世祖以高官厚禄劝降，文天祥宁死不屈，从容赴义，生平事迹被后世称许，与陆秀夫、张世杰被称为"宋末三杰"。

古诗今译

我靠自己的刻苦努力，从科举考试出身取得功名，开始了动荡艰辛的政治生涯；从率领义军抗击元兵以来，经过了整整四年的困苦岁月。祖国的大好河山在敌人的侵略下支离破碎，就像狂风吹卷着柳絮零落飘散；自己的身世遭遇也动荡不安，就像暴雨打击下的浮萍颠簸浮沉。想到从前兵败江西，从惶恐滩头撤离的情景，那险恶的激流、严峻的形势，至今还让人惶恐心惊；想到去年五岭坡全军覆没，身陷敌手，如今在浩瀚的零丁洋中，只能悲叹自己的孤苦伶仃。自古人生在世，谁没有一死呢？但人要死得有价值，要留下赤胆忠心。为国捐躯，死得其所，留下这颗赤诚之心光照青史吧！

美文共欣赏

这是文天祥被俘后，元军带着他南行，路经零丁洋时，他写的一首诗。诗的语言很精练，格调激昂悲壮，即便是叙事、写景，也都渗透了诗人的强烈感情，具有震撼人心的力量，是一首永垂千古的述志诗。诗的开头，回顾身世，意在暗示自己是久经磨炼，无论什么艰难困苦都无所畏惧。三四句承上从国家和个人两个方面，继续抒写事态的发展和深沉的忧愤。这一联对仗工整，比喻贴切，真实反映了当时的社会现实和诗人的遭遇。五六句喟叹更深，以遭遇中的典型事件，再度展示诗人因国家覆灭和己遭危难而战栗的痛苦心灵。结尾两句以磅礴的气势收敛全篇，写出了宁死不屈的壮烈誓词。全诗格调沉郁悲壮，浩然正气贯长虹，确是一首惊天地、泣鬼神的伟大爱国主义诗篇。

乡村四月

〔宋〕翁卷

绿遍山原①白满川，
子规②声里雨如③烟。
乡村四月闲人少，
才④了⑤蚕桑⑥又插田。

难词逐个解

① 山原：山陵和原野。

② 子规：杜鹃鸟。

③ 如：好像。

④ 才：刚刚。

⑤ 了：结束。

⑥ 蚕桑：种桑养蚕。

微博在线

隐居山村的布衣诗人——翁卷

翁卷，宋朝著名作家，字续古，一字灵舒，今乐清市淡溪镇埭头村人，中年以后迁居永嘉县城。淳祐三年（1243）领乡荐，在越、江淮边帅府中度过一段幕僚生活。后从事教学生涯，落拓江湖，以布衣终。翁卷写的山水田园诗，只有寥寥数笔，却有传神之功。翁卷有很多诗歌，可以绘成画轴的，如同中国传统的山水之画，不仅有写意，而且有留白之妙。

古诗今译

一条小河流淌在碧绿的山间，细雨微风中杜鹃在欢快地歌唱。乡村四月里人们是多么忙碌，才侍弄完蚕桑又开始了插田。

美文共欣赏

这首诗以白描手法写江南农村的景象，前两句着重写景：绿原、白川、子规、烟雨，寥寥几笔就把水乡初夏时特有的景色勾勒了出来。后两句写人，画面上主要突出在水田插秧的农民形象。整首诗突出了乡村四月（今乐清市淡溪镇）的劳动繁忙。整首诗就像一幅色彩鲜明的图画，不仅表现了诗人对乡村风光的热爱与赞美，也表现出他对劳动人民的喜爱，对劳动生活的赞美之情，因此，翁卷有乡村诗人的美称。翁卷挥墨了一幅农民丰富、繁忙的乡村田园生活，从而衬托出"乡村四月"劳动的紧张、繁忙。

浣溪沙①

[宋] 晏殊

一曲新词酒一杯，去年天气旧亭台。

夕阳西下几时回？无可奈何②花落去，

似曾相识燕归来。小园香径③独徘徊。

难词逐个解

① 浣溪沙：词牌名。此调原为唐教坊曲名，因西施浣纱于若耶溪，故又名《浣溪纱》或《浣纱溪》。有平韵、仄韵两体，均为双调四十二字。

② 无可奈何：不得已，没有办法。

③ 香径：花园里的小路。

微博在线

"宰相词人"——晏殊

晏殊（991—1055），字同叔，北宋抚州府临川城人。著名词人、诗人、散文家，在文学上有多方面的成就和贡献。他能诗、善词，文章典丽，书法皆工，而以词最为突出，有"宰相词人"之称。

古诗今译

在花园里听一曲新歌，饮一杯醇酒，安闲满足、如坐春风。忽然，触景生情，回忆起去年的生活来，那时也在这亭台上登高远望，转眼之间，一年就过去了，可是，时序转换，今年不是去年，去年不再，人事不同，叫人怅惘！夕阳西下，一去不返，谁曾见过夕阳返回呢？眼前花落委地，令人无可奈何。忽见燕子翩飞，似曾相识，原是去年旧燕，今又归来。我独自一人在花间踱来踱去，心情久久无法平静。

美文共欣赏

此词虽含伤春惜时之意，却实为感慨抒怀之情。词之上片绾合今昔，叠印时空，重在思昔；下片则巧借眼前景物，着重写今日的感伤。全词语言圆转流利，通俗晓畅，清丽自然，意蕴深沉，启人神智，耐人寻味。

山坡羊①·潼关②怀古

[元] 张养浩

峰峦如聚，

波涛如怒，

山河表里③潼关路。

望西都④，

意踌躇⑤。

伤心秦汉经行处⑥，

宫阙⑦万间都做了土。

兴，百姓苦；

亡，百姓苦。

※难词逐个解※

① 山坡羊：曲牌名，决定这首散曲的形式；"潼关怀古"才是标题。

② 潼关：古关口名，现属陕西省潼关县，关城建在华山山腰，下临黄河，非常险要。

③ 山河表里：外面是山，里面是河，形容潼关一带地势险要。具体指潼关外有黄河，内有华山。

④ 西都：陕西长安，是汉代的西京。这是泛指秦汉以来在长安附近所建的都城。

⑤ 踌躇：犹豫、徘徊不定，心事重重，此处形容思潮起伏，陷入沉思。

⑥ 秦汉经行处：秦朝（前221—前206）京城咸阳，西汉（前206—25）的京城长安，都在陕西省境内潼关的西面。经行处，经过的地方。

⑦ 宫阙：皇宫建筑。阙：皇门前面两边的楼。

25

微博在线

散尽家财，一心为民的张养浩

张养浩（1270—1329），字希孟，号云庄，元代济南（今属山东）人。曾任监察御史，因批评时政为权贵所忌，被罢官。复职后官至礼部尚书，参议中书省事。后因上疏谏元夕内庭张灯获罪，辞官归隐，屡召不赴。1329年关中大旱，他不顾高龄体弱，随即"散其家之所有"登车就道，星夜奔赴任所。他到任后一直忙于赈灾事宜，积劳成疾，任职仅四个月，就死于任所。

古诗今译

群峰众峦连绵起伏，波涛如黄河奔腾，潼关内有华山，外有黄河，地势坚固。遥望古都长安，思绪起起伏伏。令人伤心的是途中所见的秦汉宫殿遗址，万间宫殿早已化作了尘土。唉！大兴土木之时，百姓服劳役；一朝灭亡，百姓流离失所。

美文共欣赏

作者的这首小曲非常有韵律，读来耐人寻味。这首曲子，既有怀古，又有伤今。短短几句，概括了封建王朝兴废相继，百姓悲惨命运如故的历史规律，而这也恰是作者面对当时社会现实发出的感慨。其内容之丰富，思想之深刻，感情之深沉，在元曲中确实值得称赞。前三句写景，以浩大的气势渲染了潼关的险要；中间四句抒情，形象地表达了作者怀古、伤今的思索、联想的过程；最后两句议论，是全曲主旨，深化主题，铿锵有力，其对封建王朝的憎恨之情显露无遗。"兴，百姓苦"，乃发前人所未发，富有新奇的形式，深刻的道理。

墨竹组诗（一）

［清］郑燮

咬定①青山不放松，
立根原在破岩中。
千磨②万击还坚劲③，
任尔④东西南北风。

🔷 微博在线 🔷

扬州八怪——郑板桥

郑燮（1693—1765），字克柔，号板桥、板桥道人。江苏兴化人。郑燮为官清廉，后来因老病罢官客居扬州，身无长物，只有寥寥几卷图书，便以卖画为生。为"扬州八怪"之一，其诗、书、画被世人称为"三绝"。其诗宗陶渊明、陆放翁，画竹似苏东坡。郑燮的书法糅合行书、草书，自成一体，自号"六分半书"，后人称为"板桥体"。

🔷 古诗今译 🔷

牢牢咬定青山不肯放松，岩竹本自扎根碎石之中。千万次遭打击依旧劲挺，任凭你八面风吹多险恶，我自岿然不动。

▌▌美文共欣赏▌▌

这是一首寓意深刻的题画诗。首二句说竹子扎根破岩中，基础牢固。次二句说任凭各方来的风猛刮，竹石受到多大的折磨击打，它们仍然坚定强劲。作者在赞美竹石的这种坚定顽强精神中，隐喻了自己风骨的强劲。"千磨万击还坚劲，任尔东西南北风"，常被用来形容革命者在斗争中的坚定立场和受到敌人打击绝不动摇的品格。

墨竹组诗（二）

〔清〕郑燮

不过数片叶，

满纸混①是节。

万物要见根，

非徒②观半截。

风雨不能摇，

雪霜颇能涉。

纸外更相寻，

干云上天阙。

难词逐个解

① 混：都。

② 徒：只。

古诗今译

　　画中不过只有数片竹叶，但满张纸上都是竹节。万千事物都要看它的根，而不是只看其中的一部分。风吹雨打不能使其动摇，雪压霜打也能承受。生活中的竹子更是如此，其勃勃生机直插云霄。

 美文共欣赏

　　作者托物言志，通过对画竹的描写来抒发和表达那种威武不能屈，富贵不能淫，贫贱不能移的气节。

墨竹组诗（三）

[清] 郑燮

一块峰峦耸太行，
两枝修竹画潇湘①，
湖南泽绛②三千里，
都入吾家郭外庄。

难词逐个解

① 潇湘：湘江与潇水的并称，多借指今湖南地区。
② 绛：深红色。

古诗今译

　　画中的山峰如耸立的太行山，两枝修长的竹子如同湘江潇水。方圆三千里的潇湘大地，就这样生动地跃然纸上，进入了我家郭外庄。

美文共欣赏

　　念及诗文，联想到郑板桥的竹画，我们不难发现作者之诗画皆自其胸臆，千态万状生气盎然跃然纸上。

墨竹组诗（四）

〔清〕郑燮

一枝高竹独当^①风，
小竹依因笼盖中。
画出人间真具庆，
诸孙罗抱阿家翁。

◆ 古诗今译

　　一枝高挑的竹子在独自挡住风吹，小竹在它的笼罩之下。这幅画生动地表现了人间的喜庆景象，活像孙儿们拥在老爷爷的身旁。

‖ 美文共赏析 ‖

　　竹竿的多寡表示不同的内容，竹竿的抑扬向背，千姿百态还表现季节的不同、气候的变化、所植地点的差异，从而借以抒发不同的情绪。

墨竹组诗（五）

〔清〕郑燮

四十年来画竹枝，
日①间挥写夜间思②。
冗繁削尽留清瘦，
画到生时是熟时。

难词逐个解

① 日：白天。
② 思：思考。

古诗今译

四十年来一直画竹枝，白天画来晚上思考。刚开始画的时候把竹枝的一枝一叶都要画出来，后来画的竹子日趋清瘦风格。画着画着，对过去的纯描摹而言似乎是"生"了，但这却是一个更高的创新的"熟"的境界。

美文共欣赏

诗人一生画竹、写竹，回顾自己的经历，感慨良深。前两句是说绘画写作，要精进用心才能成功。"冗繁削尽留清瘦"，则说写诗作画，其实都是和做人一样，到了能够删繁就简的时候，才算是达到了一定的高度。"画到生时是熟时"，则寓含了一个更深的道理，其实就是艺术追求的三个阶段：生、熟、生。他曾有画竹三境界的说辞："眼中有竹、胸中有竹、胸中无竹。"当然，他这是借用了禅家"看山是山，看山不是山，看山还是山"的三境界说。

己亥杂诗

[清] 龚自珍

九州生气①恃风雷②，
万马齐喑③究④可哀。
我劝天公重抖擞⑤，
不拘一格降⑥人才。

难词逐个解

① 生气：生气勃勃的局面。
② 风雷：风、雷一般的样子
③ 万马齐喑：比喻社会政局毫无生气。喑：哑。
④ 究：终究，毕竟。
⑤ 抖擞：振作精神。
⑥ 降：降生。

微博在线

改良主义的启蒙思想家——龚自珍

龚自珍（1792—1841），清代思想家、文学家及改良主义的先驱者。27岁中举人，38岁中进士。曾任内阁中书、宗人府主事和礼部主事等官职。主张革除弊政，抵制外国侵略，曾全力支持林则徐禁除鸦片。他的诗富有文采，浪漫主义色彩浓厚，有许多诗揭露清王朝的腐败，提倡革新，充满了爱国热情。

古诗今译

只有狂雷炸响般的巨大力量才能使中国大地发出勃勃生机，然而朝野臣民噤口不言终究是一种悲哀。我奉劝老天能重新振作精神，不拘成规任用各类人才。

美文共欣赏

这是一首出色的政治诗。诗的前两句用了两个比喻，写出了诗人对当时中国形势的看法。"万马齐喑"比喻在腐朽、残酷的反动统治下，思想被禁锢，人才被扼杀，到处是昏沉、庸俗、愚昧，一片死寂、令人窒息的现实状况。"风雷"比喻新兴的社会力量，比喻尖锐猛烈的改革。从大处着眼、整体着眼、大气磅礴、雄浑深邃的艺术境界。诗的后两句，"我劝天公重抖擞，不拘一格降人才"是传诵的名句。诗人用奇特的想象表现了他热烈的希望，他期待着优秀杰出人物的涌现，期待着改革大势形成新的"风雷"、新的生机，一扫笼罩九州的沉闷和迟滞的局面，既揭露矛盾、批判现实，更憧憬未来、充满理想。它独辟蹊境，呼唤着变革，呼唤未来。

狱中题壁

[清] 谭嗣同

望门投止思张俭，

忍死须臾待杜根。

我自横刀向天笑，

去①留②肝胆两昆仑。

难词逐个解

① 去：指出逃或死去。
② 留：留下或活着。指政变发生时留下的王五。
梁启超《饮冰室诗话》："所谓两昆仑者，其一指南海（康有为），其一乃侠客大刀王五"。

微博在线

欲以己血唤醒国人的谭嗣同

谭嗣同（1865—1898），字复生，号壮飞，浏阳（今湖南省浏阳县）人。清末改良主义政治活动家、思想家。谭嗣同少年大志。甲午战争后。发奋救国，积极从事变法维新活动，是戊戌变法的主要参与者之一。变法失败后，他拒绝出走，欲以己血唤醒国人，被捕后慷慨就义，是著名的"戊戌六君子"之一。他的诗风格豪迈，情辞激越，富于强烈的爱国思想和积极精神。

古诗今译

望门投宿别忘了东汉时的张俭，忍死求生中心中要装着东汉时的杜根。即使屠刀架在了脖子上，我也要仰天大笑，出逃或留下来的同志们，都是昆仑山一样的英雄好汉。

美文共欣赏

谭嗣同借用两位古人为典故，表明自己愿意为变法牺牲的坚贞不屈的态度。诗人面临死亡，无所畏惧。心知己死仅为国昌之始，故能坦然一笑。但寄希望于后人，留下自己坦荡的可以容纳了两座昆仑一样的胸怀，继续变法维新"救现在之众生与救将来之众生"。

春 愁

[清] 丘逢甲

春愁①难遣②强看山，
往事惊心泪欲潸③。
四百万人④同一哭，
去年今日⑤割台湾。

难词逐个解

① 春愁：春天的哀愁。此指为国家哀愁。
② 遣：排遣。
③ 潸（shān）：流泪的样子。
④ 四百万人：指台湾当时总人口。
⑤ 去年今日：指 1895 年 4 月 17 日，清王朝与日本签订丧权辱国的《马关条约》，将台湾割让给日本。

微博在线

不忘台湾的丘逢甲

丘逢甲（1864—1912），近代诗人，少年得志，却弃官返台从事教育工作；甲午战争后，清廷割弃台湾，丘逢甲联合台绅驰电抗议，并倡议自救，率义军抗击登台日军。失败后离台内渡，定居镇平，推广新式教育，为国家培养元气。终其一生始终对国家抱有高度的期望，具有强烈的爱国情操。

古诗今译

春愁难以排遣，强打起精神眺望远山，往事让人触目惊心热泪将流。台湾的四百万同胞齐声大哭，去年的今天，就是祖国宝岛被割让的日子！

美文共欣赏

首句"春愁难遣强看山"。春天本来是草长莺飞、花红柳绿的美好季节，可此时的诗人却没有闲情逸致去欣赏，为了排遣内心的愁闷，他强迫自己打起精神去"看山"。一个"愁"字写出了诗人无时无刻不在为国事担忧愁闷。诗的前两句欲露又止，将吐还吞，极力蓄势。后两句使足千钧笔力，道出底蕴，"去年今日"，就是由于这个日子对于他以及四百万台湾民众来说都是刻骨铭心的；"同一哭"道出了全体台湾同胞的共同心声，这是他们心底里发出的血泪呼喊，也是他们满腔爱国激情的强烈迸发！由于前两句的蓄势，后两句才一纵到底，略无滞碍，给人以强大的感染力和震撼力。

第二单元

现代诗

真正好的诵读是以声音传达出内心真挚的情感的。朗诵现代诗歌要注意以下三点：

1. 解诗。即正确分析和深入理解诗的思想感情，探索诗人的创作动机及诗篇的构思。要把诗内所含的思想感情，逐渐变成自己的思想感情。

2. 掌握基调。"基调"就是诵读时整首诗的"主题意识"、"主题呈现"的方式。诗的基调可能是忧伤的、愉快的、励志的、哀恸的等。

3. 入诗。首先入诗的应是诵读的人。诵读的人因为深刻理解诗句而深受诗意感动，而后借由丰富且适当的声情表达方式，感动自己，最后感动听者，双双进入诗境之中。

刹 车

程建龙

自行车骑到家门口了

妈妈轻轻一捏刹车

便停了下来

汽车下坡的时候

司机轻轻踩一下刹车

车子就能控制，平稳慢行

我淘气的时候

爸爸说

真想在我的身上也安装一个

遥控刹车

轻轻一按

让我乖乖坐在小凳子上

‖美文共欣赏‖

诗构思新颖、奇特，独具匠心，让人拍案叫绝。诗的创作的缘由是诗在创作中模仿的太多、雷同的太多、题材重复的太多，原创的作品少、写自己生活的作品少、让人耳目一新的作品少。作者要告诉小读者这样一个创作的道理："生活是写作的源泉。"生活是诗的土壤，诗是生活的艺术缩影，任何一首好的诗，无不是生活的发酵与提纯。

想变成一棵树（节选）

金 波

想变成一棵树

拥有无数的叶子
微风里沙沙沙地响
讲述着绿色的故事
想变成一朵花
去到山野里安家
拉起小草们的手
送给大地一幅画
想变成一阵风
开始快乐地飞翔
无论到什么地方
都送去鸟语花香

❋ 微博在线 ❋

金波，1935 年 7 月生于北京。中国作家协会儿童文学委员会委员，儿童文学创作委员会主任。1979 年加入中国作家协会。五次荣获中国作家协会全国优秀儿童文学奖，连续三届荣获"五个一工程一本好书奖"，三次荣获宋庆龄儿童文学奖，两次荣获冰心图书奖，两次荣获陈伯吹儿童文学奖，六次荣获北京市文联优秀作品奖。1992 年，荣获国际安徒生奖提名。作品有《回声》《会飞的花朵》《我的雪人》《红苹果》《苹果小人的奇遇》《追踪小绿人》《乌丢丢的奇遇》《心往哪里飞》等。

‖ 美文共欣赏 ‖

金波先生的作品如"泉水一般清凉、鸟语一样婉转"，有人说可以从他的诗中感受到青翠光明之美、温馨之美、音乐律动之美、像丝绸一般的细致之美。在他的笔下，蓝天、白云、阳光、繁星、春雨、微风、大海、小溪、鲜花、绿叶、白蝴蝶、红蜻蜓……与我们的心灵早已息息相通。

泥　土

鲁　藜

老是把自己当作珍珠
就时刻有怕被埋没的痛苦
把自己当作泥土吧
让众人把你踩成一条路

微博在线

　　鲁藜，原名许图地，诗人，福建同安人。1934 年到上海参与左翼文学活动，1938 年入延安抗大学习，发表震撼诗坛的《延安组诗》，被誉为"传遍世界的福音"。他的诗充满爱国主义激情，为海内外广大读者所喜爱。作品有《泥土》《醒来的时候》《星星的歌》《锻炼》《红旗手》《英雄的母亲》等。

美文共欣赏

　　这是一首格言式的抒情短诗，充满了令人思索不尽的生活哲理，我们可以把它作为诗人的自勉。同时也可以把它看做是对他人的善意的告诫，提醒人们克服可能出现的高傲情绪，不要自视特殊，而要甘于平凡，不要考虑索取，而要多些给予。它宣扬的是一种富于社会责任感的人生态度，一种勇于牺牲小我利益的集体主义精神。诗作写得平易亲切，既避免枯燥的说教，又摒弃华丽的装饰，比喻妥帖，使诗意在对比中获得了充分的表达。

请留言，我会尽快与你联络

几　米

我在森林里，打一通电话给城市里的你。
答录机说："请留言，我会尽快与你联络。"
"你听到风声轻轻吹过的声音吗？
你听到树叶缓缓飘落的声音吗？
你听到山林呼吸，还有我心脏快乐跳动的声音吗？

请尽快与他们联络。

再见。"

❖微博在线❖

几米,本名廖福彬,台湾著名绘本作家中国文化大学美术系毕业。1999 年出版《向左走,向右走》,获选为 1999 年金石堂十大最具影响力的书,开创出成人绘本的新形式,兴起一股绘本创作风潮。他的作品风靡海峡两岸,美、法、德、希腊、韩、日、泰等国皆有译本,部分作品还被改编成音乐剧、电影、电视剧。

‖美文共欣赏‖

几米的个性害羞内向,不擅长用言语表达,他用敏锐细腻的心去感受周遭的人与事,作品风貌多变,创作力源源不绝,因此看几米的作品,就像是走入他的内在,几米引领着每一个人相信世界上的美与善,同时也反映了现代人生活中的点点滴滴,因此每个人都能在他的故事中找到一个映照和寄托。

相信未来 (节选)

食 指

当蜘蛛网无情地查封了我的炉台

当灰烬的余烟叹息着贫困的悲哀

我依然固执地铺平失望的灰烬

用美丽的雪花写下:相信未来

当我的紫葡萄化为深秋的露水

当我的鲜花依偎在别人的情怀

我依然固执地用凝霜的枯藤

在凄凉的大地上写下:相信未来

我要用手指那涌向天边的排浪
我要用手掌那托住太阳的大海
摇曳着曙光那枝温暖漂亮的笔杆
用孩子的笔体写下：相信未来

 微博在线

食指，本名郭路生，山东鱼台人。高中毕业。他成功地延续了当代诗歌的"歌性"传统与形式感，使"陈旧"的形式获得了新的活力。他长达四十余年的写作穿越了时代的剧变，并且因此成为"旧时代的最后一个诗人，新时代的最初一位诗人"。代表作品有《相信未来》《四点零八分的北京》《疯狗》《愤怒》《在精神病院》《归宿》《啊，尼采》等。

‖美文共欣赏‖

这首诗构思巧妙。用语质朴，而思想深刻；性格鲜明，又令人折服。通读该诗，虽然我们感受更多的不是轻松而是压抑，不是快乐而是痛苦。但从诗人那压抑和痛苦的呻吟中，我们也真切地感受到了诗人那撼人心魄的信念——无时不在渴望和憧憬着光明的未来以及为理想和光明而奋斗挣扎。

太 阳

艾 青

从远古的墓茔
从黑暗的年代
从人类死亡之流的那边
震惊沉睡的山脉
若火轮飞旋于沙丘之上
太阳向我滚来……
它以难遮掩的光芒
使生命呼吸
使高树繁枝向它舞蹈
使河流带着狂歌奔向它去
当它来时，我听见
冬蛰的虫蛹转动于地下
群众在旷场上高声说话
城市从远方
用电力与钢铁召唤它
于是我的心胸
被火焰之手撕开
陈腐的灵魂
搁弃在河畔
我乃有对于人类再生之确信

微博在线

艾青，原名蒋正涵，号海澄，曾用笔名莪加、克阿、林壁等，浙江省金华人。中国现代诗人。被认为是中国现代诗的代表诗人之一。主要作品有《大堰河——我的保姆》《艾青诗选》。

　　1937年春，诗人写下了这首《太阳》。这一历史时期，中国处于大变革的较量中。一面是以国民党反动派为代表的一切旧的势力，以及外国侵略者的势力，要把中国推入黑暗之中；一方是革命者们与劳苦大众，要打碎旧世界，建立一个光明自由的新世界。在这激烈的较量尚未明朗之际，诗人已感到希望要来临了。在这首诗中，诗人以讴歌太阳，来讴歌这一伟大的时代，以诗人自己的情绪来感染读者的情绪，使人们都能感到一个新的时代就要诞生了。

跌　倒

牧　也

风，跌倒了

才有了美丽的落叶

云，跌倒了

才有了滋润大地的雨水

太阳跌倒了

才有了静谧的夜晚

所以，我们不再害怕跌倒

让我们在跌倒时

用最美丽的姿势

站起来

✦ 微博在线 ✦

　　牧也，台湾作家。十九岁时被杨唤的诗感动，放弃学习多年的西画，改以文字画画，于是有了千首以上的诗作。

美文共欣赏

> 文章采用排比抒情的写作模式。层次清晰，逻辑性强。很好地诠释了跌倒也是一种美丽，跌倒了，千万别恼，重新站立起来就是成功。

烦 忧

戴望舒

说是寂寞的秋的清愁，
说是辽远的海的相思。
假如有人问我的烦忧，
我不敢说出你的名字。
我不敢说出你的名字，
假如有人问我的烦忧。
说是辽远的海的相思，
说是寂寞的秋的清愁。

微博在线

戴望舒（1905—1950），现代诗人，中国现代派象征主义诗人。戴望舒为笔名，原名戴朝安，又名戴梦鸥。笔名艾昂甫、江恩等。浙江杭县（今杭州市余杭区）人。曾赴法国留学，受法国象征派诗人影响很大。代表作有《雨巷》，并因此作被称为雨巷诗人，此外还有《寻梦者》《单恋者》《烦忧》等。

美文共欣赏

> 这是一首爱情诗，但"爱"字在全诗中却始终未直接出现，而只是用"不敢说出你的名字"的委婉表达，含蓄地暗示出来。含蓄之美，是这首小诗的一个突出特点。戴望舒是写作爱情诗的高手，其抒情诗《雨巷》奠定了他在中国现代诗坛不朽的地位。跟《雨巷》相比，这首描写爱情的小诗，在内容和主题上虽无不同，但在艺术手法方面却表现出极具风韵的独到之处。

朋　友

米　雅

许多话藏在心里
好几次都差一点说给你听
快满出来了
快承受不起了
真的差一点就要你分担我肩上的疼
直到看见你的颊上有泪
我才知道
原来你也撑着瘀伤的肩
用泪洗过的心事晾干了吗
用我倾听的心当衣架也可以的喔

 美文共欣赏

分享是快乐的，朋友之间把自己的忧伤、烦恼说给对方听，一起倾听、一起分享。原来快乐是如此简单。

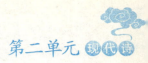

夜　空

管用和

蓝蓝的夜空，
像个湖一样。
无数的银菱，
就在湖里长。
一条采菱船，
银光闪闪亮。
打从湖东岸，
划向湖西方。

微博在线

　　管用和，笔名蔡纯、黎枝。湖北孝感人。1954 年毕业于孝感县师范。历任小学、中学教师，文化馆美术、文艺创作辅导员，文艺宣传队创作员，武汉市文联专业作家。

美文共欣赏

　　这是一首有寓言意味的诗，清新隽永，让人回味无穷。他的诗多取材于农村的现实生活，既具有民歌朴实明快的风格，又不乏古典诗词凝炼含蓄的特点，有较浓的泥土气息和地方色彩。

微　笑

[日本] 金子美玲

那玫瑰花瓣一样美丽的颜色
又比麦芒还要细小
跌落到泥土中
便像天空绽放的焰火一般
盛开绚烂的花朵

如果这样的微笑
好像泪水一样洒落
那将会是
怎样
怎样的一种美啊

这首诗意境清新，给人无限遐想，金子美玲的诗干净美好，它不仅仅对人类，对花、草、鸟、鱼、兽等一切有生命之物等都充满了爱，描写热闹美妙时光的同时，又附带几笔淡淡的忧郁。

如果记住就是忘却

[美国] 艾米莉·狄更生

如果记住就是忘却，
那我不愿记住什么。
如果忘却就是记住，
那么我与忘却已没有距离。
如果思念是一种愉悦，
如果哀悼是一种欢乐，
那么，手指该是多么愉快，
因为今天它们已把这些收集！

微博在线

艾米莉·狄更生（1830—1886），美国女诗人。她终身未嫁，在孤独中埋头写诗，留下诗稿1775首，她生前只有7首诗被朋友从她的信件中抄录出来发表。狄更生去世后，她家人违背她的遗嘱未将其诗稿销毁，而是发表成诗集，并得到越来越高的评价，她被誉为"自萨福以来最伟大的女诗人"。

这首诗的最大的特色就是采用了"似是而非"的修辞手法。乍一看，"如果记住就是忘却"以及"如果忘却就是记住"同时出现在一个小节中，有点不知所云。但是如果把它放在爱情的主题下，就能明白其实诗人是在表达她矛盾重重的心理。诗人的主旨很明确：她的爱情得到的只是"思念"和"哀悼"！似是而非的修辞手法的运用，逼真地写出了诗人的心境，使得全诗形神合一！

阁楼里的灯光

〔美国〕西尔沃斯坦

阁楼里闪动着微光一点。
尽管窗板紧闭，漆黑一片，
我却看到了幽光在跳跃，
它是什么，我心知晓，
那是阁楼里的孤灯一盏。
站在外面，注视灯光，
我知道你就在里面……
与我遥相观望。

❋微博在线❋

　　西尔沃斯坦，1932年出生于芝加哥，美国儿童文学作家。曾任《太平洋星条旗》杂志记者。以儿童文学创作驰名于世，主要作品有寓言《奉献的书树》，诗集《人行道的尽头》《阁楼上的灯光》，这三部作品成为儿童文学的经典之作。

　　西尔沃斯坦的这首儿童诗，充满了无限的童趣与奇妙的想象，读来很让人感动。

山岳女神

〔美国〕希尔达·杜立特尔

翻腾吧，大海——
卷起你那峰顶的松涛，
将巨大的松浪，
重重地甩向我们的岩石，
将你的绿色砸向我们，
用你那一池的冷杉将我们淹没。

✸ 微博在线

　　希尔达·杜立特尔（1886—1961），20世纪美国最伟大的女诗人之一，深受古希腊风格影响，出生于宾夕法尼亚州的伯利恒。创作领域宽广，涉及意象派诗歌、神秘派诗歌、史诗、小说以及翻译和回忆录。

▌美文共欣赏▌

　　本诗风格简约清新，感情线条硬朗，洞微察幽，诡异但不显突兀。使抽象事物变得仿佛伸手可触，堪称意象派诗歌的典范。

秋

〔英国〕托马斯·厄纳斯特·休姆

一缕清寒在秋夜中飘荡——
我漫步出门，
见一轮清月倚在树篱上，
如同一个红脸庞的农夫。
我没有停下来说话，只点了点头，
周围是沉思的繁星，
白皙的脸，像城市中的孩童。

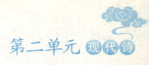

微博在线

托马斯·厄纳斯特·休姆，英国哲学家、诗人，在第一次世界大战中阵亡。曾到加拿大旅游，为一望无际的大草原所感动而开始诗歌创作。他组织"诗人俱乐部"，探索英国诗歌的出路。

 美文共欣赏

诗歌的主题是萧索的秋夜中高悬天幕的月亮和星星，诗人出人意料地把月亮比作"红脸庞的农夫"，而把熠熠闪亮的星星比作脸色白皙的孩子。我们可以清晰地看出诗人提倡回归自然和对城市生活厌倦的倾向。因为"农夫"，我们便会想到田园生活，因为"孩童"，我们便会想到单一自然的生活，若诗人将自己的主张以哲学论文的形式写出来，读者未必能读懂更何况接受。然而，在诗歌中运用恰到好处的比拟，达到了节奏和韵律的结合美，读者往往会在阅读的过程中接受。

给仙人的信

[意大利] 姜尼·罗大里

不知道是真是假：
说是夜里，
仙人把礼物放进毛袜；
不知道是真是假，
仙人把玩具放在好孩子的枕头下？
我不顽皮，一举一动都好，
就是在袜子里什么也没找到！
亲爱的仙人，今天是除夕，
你的火车一定开过这里。
我心里就怕一件事，
就怕你的火车开过这儿不停，
就怕你走过了穷人们的破房土窑，

把我们这些好而穷的孩子漏掉……

仙人哪，我们要感谢得了不得

如果你坐上一辆慢车，

在有孩子等你的

每家门口停上一刻。

※ 微博在线 ※

　　姜尼·罗大里（1920—1980），意大利儿童文学作家，生于小镇奥梅尼亚，毕业于师范学校。曾任教师、编辑、记者等职。20 世纪 40 年代开始写童谣和童话故事，一生为儿童写出大量作品，成为世界儿童文学泰斗。1970 年获国际安徒生奖。

‖ 美文共欣赏 ‖

　　本诗能让儿童备感亲切，能让儿童获得一种气息，让童真、寓言、憧憬、灵性进入儿童的内心。

西风颂 （节选）

〔英国〕雪莱

　　像你以森林演奏，请也以我为琴，

　　哪怕我的叶片也像森林的一样凋谢！

　　你那非凡和谐的慷慨激越之情，

　　定能从森林和我同奏出深沉的秋乐，

　　悲怆却又甘洌。但愿你勇猛的精灵，

　　竟是我的魂魄，我能成为剽悍的你！

　　请把我枯萎的思绪播送宇宙，

　　就像你驱遣落叶催促新的生命，

　　请凭借我这韵文写就的符咒，

　　就像从未灭的余烬飏出炉灰和火星，

　　把我的话语传遍天地间万户千家，

通过我的嘴唇，向沉睡未醒的人境，
让预言的号角奏鸣！哦，风啊，
冬天如果来了，春天还会远吗？

微博在线

　　雪莱（1792—1822），生于英国萨塞克斯郡。1816年往瑞士，与拜伦结为好友。1822年与友人驾帆船出海，遇暴风，舟沉身亡。其一生见识广泛，不仅是柏拉图主义者，更是个伟大的理想主义者。创作的诗歌节奏明快，积极向上。作品包括长诗《仙后麦布》《阿多尼斯》等。

‖美文共欣赏‖

　　《西风颂》写于1819年。这时诗人雪莱正旅居意大利，处于创作的高峰期。这首诗可以说是诗人"骄傲、轻捷而不驯的灵魂"的自白，是时代精神的写照。诗人凭借自己的诗才，借助自然的精灵让自己的生命与鼓荡的西风相呼相应，用气势恢弘的篇章唱出了生命的旋律和心灵的狂舞。当时，欧洲各国的工人运动和革命运动风起云涌。英国工人阶级为了争取自身的生存权利，正同资产阶级展开英勇的斗争。这里，西风已经成了一种象征，一种打破旧世界，追求新世界的西风精神。诗人以西风自喻，表达了自己对生活的信念和向旧世界宣战的决心。

乞讨的小姑娘

　　　　　　［前苏联］叶赛宁

小女孩在高宅的窗下哭泣，
里面传出的却是银铃般欢声笑语。
小姑娘哭着，肃杀的秋风吹得她发抖，
她用冻僵的小手抹着脸上的泪滴。
她满面泪水，祈祷一小块面包，
屈辱和不安使她变得细声细气。
可宅里欢乐的喧闹淹没了这话音，

小姑娘站着，在嬉戏中哭泣。

叶赛宁（1895—1925），全名谢尔盖·亚历山德罗维奇·叶赛宁，俄罗斯田园派诗人。生于梁赞省一个农民家庭。1912年毕业于师范学校，之后前往莫斯科，在印刷厂当一名校对员，同时参加苏里科夫文学音乐小组，兼修沙尼亚夫斯基平民大学课程。1914年发表抒情诗《白桦》，1915年结识勃洛克、高尔基和马雅可夫斯基等人，并出版第一部诗集《亡灵节》。

美文共欣赏

叶赛宁的一生短暂、灿烂而又动荡，他的诗以忧伤的调子歌唱大自然绚丽的景色，奔放洒脱，光彩夺目，真切感人。这首诗应该用心灵去感受，他对乞讨的小姑娘的同情是真诚的、深情的。

第三单元

国学经典

　　国学经典文化蕴含着丰富的人生智慧，是对人与自然、人与人、人与自我关系的研究，儒、道、释三家分别从不同角度对三者的关系加以阐释。对诵读国学经典的总体把握应是：重在诵读，辅之以教，旨在积累。小学生诵读的主要目的在于国学经典文化的积累，至于国学经典文化的深刻内涵，随着古汉语知识的不断增加和生活阅历的不断丰富，自然会逐渐理解、逐渐感悟的。

《老子》5则

道①可道，非常道。名可名，非常名②。无③名，天地之始；有④名，万物之母；故恒无欲以观其妙；恒有，欲⑤以观其徼。此两者，同出而异名，同谓之玄⑥。玄之又玄，众妙⑦之门。

——《老子·上篇道经一章》

❋ 难词逐个解 ❋

① 道：是老子首创的含有深刻哲理意义的概念。道的本意是"道路"，引申为事物运动变化所遵循的秩序、方法和规则。除此以外，老子"道"的哲学内涵是宇宙本原。　② 名：前一个"名"是指沿圣人之道行走所得到的名；中间的"名"，是名词用作动词，即"求得""占有"的意思；后面的"名"，指功利之名。　③ 无：道性。最根本、最一般的宇宙法则是化生宇宙万物的原动力，故"名天地之始"。　④ 有：道体。化生万物的最原始、最基本的物质，故"名万物之母"。⑤ 欲：识道之欲。　⑥ 玄：对道的存在形式的形象描绘。　⑦ 妙：微妙、美妙，是就道境而言，是人脑透过心灵对微观世界的直观感受。

❋ 微博在线 ❋

老子，又称老聃、李耳，春秋时期楚国苦县厉乡曲仁里人，是我国古代伟大的哲学家和思想家，道家学派创始人。其被唐皇武后封为太上老君，世界文化名人，世界百位历史名人之一，存世有《道德经》（又称《老子》）。其作品的精华是朴素的辩证法，主张无为而治，其学说对中国哲学发展具有深刻影响。

❋ 古文今译 ❋

"道"如果可以用言语来表述，那它就是常"道"（"道"是可以用言语来表述的，它并非一般的"道"）；"名"如果可以用文辞去命名，那它就是常"名"（"名"也是可以说明的，它并非普通的"名"）。"无"可以用来表述天地混沌未开之际的状况；而"有"，则是宇宙万物产生之本原的命名。因此，要常从"无"中去观察领悟"道"的奥妙；要常从"有"中去观察体会"道"的端倪。无与有这两者，来源相同而名称相异，都可以称之为玄妙、深远。它不是一般的玄妙、深奥，而是玄妙又玄妙、深远又深远，是宇宙天地万物之奥妙的总门。

知者不言，言者不知①。塞其兑，闭其门②；挫其锐，解其纷；和其光，同其尘③，是谓玄同④。故不可得而亲，不可得而疏；不可得而利，不可得而害；不可得而贵⑤，不可得而贱；故为天下贵。

——《老子·下篇道经五十六章》

难词逐个解

① 知者不言，言者不知：知"道"的人不随便说，随便说的人不知"道"。 ② 塞其兑，闭其门：兑、门，都指窍穴；其，指人民。塞住他们嗜欲的孔窍，关闭他们嗜欲的门径。 ③ 挫其锐，解其纷，和其光，同其尘：把他们的锋芒磨去，把他们的纠纷化解，涵蓄着光耀，混同着尘垢。这一段话可以理解为统治者治民的原则，也可理解为老子对理想人格形态的描述。 ④ 玄同：玄妙齐同的境界，也就是"道"的境界，老子理想的人格形态，是"挫锐""解纷""和光""同尘"，最后达到"玄同"的最高境界。 ⑤ 贵：动词，尊重的意思。一说贵当作"贞"，形似而误；贞借为正，首领、君长的意思。

古文今译

聪明的智者不多说话，而到处说长论短的人就不是聪明的智者。塞堵住嗜欲的孔窍，关闭住嗜欲的门径。不露锋芒，消解纷争，挫去人们的锋芒，解脱他们的纷争，收敛他们的光耀，混同他们的尘世，这就是深奥的玄同。达到"玄同"境界的人，已经超脱亲疏、利害、贵贱的世俗范围，所以就为天下人所尊重。

重读经典

有物混成，先天地生。寂兮寥兮，独立而不改，周行①而不殆②，可以为天地母。吾不知其名，强字之曰：道，强为之名曰：大③。大曰④逝⑤，逝曰远，远曰反⑥。故道大，天大，地大，人亦大。域中有四大，而人居其一焉。人法地，地法天，天法道，道法自然⑦。

——《老子·道经二十五章》

① 周行：指全面运行，周就当"周遍""全体"讲；另一种解释为周是环绕的意思，周行就是循环运行。　② 不殆：不息，不停的意思。　③ 大：形容"道"是没有边际、无所不包的，它既指"道"幅度的辽阔，又指"道"的高于一切（万物之母）。　④ 曰：当"而"或"则"讲。
⑤ 逝：指"道"的运行，周流不息。　⑥ 反：同"返"，指"道"循环运行后返回到原点、返回到原状。　⑦ 道法自然：自然，指"道"的自然状态。

古文今译

　　有一个东西浑然而成，在天地形成以前就已经存在。听不到它的声音也看不见它的形体，寂静而空虚，不依靠任何外力而独立长存永不停息，循环运行而永不衰竭，可以作为万物的根本。我不知道它的名字，所以勉强把它叫做"道"，再勉强给它起个名字叫做"大"。它广大无边而运行不息，运行不息而伸展遥远，伸展遥远而又返回本原。所以说道大、天大、地大、人也大。宇宙间有四大，而人居其中之一。人取法地，地取法天，天取法"道"，而道纯任自然。

重读经典

　　其政闷闷①，其民淳淳②；其政察察③，其民缺缺④。祸兮，福之所倚⑤；福兮，祸之所伏⑥。孰知其极⑦：其无正⑧也。正复为奇，善复为妖。人之迷，其日固久。是以圣人方而不割，廉而不刿，直而不肆，光而不耀。

——《老子·道经五十八章》

① 闷闷：昏昏昧昧，这里是宽容的意思。　② 淳淳：淳厚质朴。　③ 察察：严密、苛酷。
④ 缺缺：狡诈的意思。老子认为宽容的政治（也就是"无为"的政治）可以使社会风气淳厚朴实，人民才可以安然自在，过着幸福宁静的生活。相反，政治严苛，则会导致民风狡诈，社会混乱。　⑤ 倚：依傍。　⑥ 伏：潜藏。　⑦ 极：极限、最后。　⑧ 无正：即无定，没有定准。

古文今译

　　政治宽厚清明，人民就淳朴忠诚；政治苛酷黑暗，人民就狡黠、抱怨。灾祸啊，幸福依傍在它的里面；幸福啊，灾祸藏伏在它的里面。谁能知道究竟是灾祸呢还是幸福呢？它们并没有确定的标准。正忽然转变为邪的，善忽然转变为恶的，人们的迷惑，由来已久了。因此，有道的圣人方正而不生硬，有棱角而不伤害人，直率而不放肆，光亮而不刺眼。

重读经典

　　圣人常无心，以百姓之心为心①。善者，吾善之；不善者，吾亦善之，德善②。信者③，吾信之；不信者，吾亦信之，德信。圣人在天下，歙歙焉为天下浑其心，百姓皆注其耳目，圣人皆孩之。

——《老子·道经四十九章》

难词逐个解

① 以百姓之心为心：以老百姓的意志为意志。老子认为，理想的统治者，应当收敛自己的意欲，不以自己的主观认识作为区别是非善恶的标准，努力克服自我为中心而去体认百姓的疾苦与需求。　② 德善：有几种解释。一种解释为，德为"得"的假借字，得到的意思；德善，就是使人人都向善。另一种解释为，德善，指统治者自己得到善良的名声。还有一种解释，德，指整个时代的品德；德善即整个时代的品德归于善良。　③ 信者：诚实的人。

古文今译

　　圣人常常是没有私心的，以百姓的心为自己的心。对于善良的人，我善待他；对于不善良的人，我也善待他，这样就可以得到善良了，从而使人人向善。对于守信的人，我信任他；对不守信的人，我也信任他，这样可以得到诚信了，从而使人人守信。有道的圣人在其位，收敛自己的欲意，使天下的心思归于浑朴。百姓们都专注于自己的耳目聪明，有道的人使他们都回到婴孩般淳朴的状态。

《庄子》5 则

重读经典

　　北冥①有鱼，其名曰鲲②。鲲之大，不知其几千里也；化而为鸟，其名为鹏③。鹏之背，不知其几千里也；怒而飞，其翼若垂天之云。是鸟也，海运则将徙于南冥。南冥者，天池也。《齐谐》④者，志⑤怪者也。谐之言曰："鹏之徙于南冥也，水击⑥三千里，抟扶摇而上者九万里，去以六月息者也。"

难词逐个解

① 冥：亦作溟，海之意。"北冥"，就是北方的大海。下文的"南冥"仿此。传说北海无边无际，水深而黑。 ② 鲲：本指鱼卵，这里借表大鱼之名。 ③ 鹏：本为古"凤"字，这里用表大鸟之名。 ④《齐谐》：齐国人记载的笔记小说。 ⑤ 志：记载。 ⑥ 击：拍打，这里指鹏鸟奋飞而起双翼拍打水面。

微博在线

庄子（约前369—前286），我国先秦（战国）时期伟大的思想家、哲学家和文学家。原系楚国公族，楚庄王后裔，后因乱迁至宋国蒙，是道家学说的主要创始人。与道家始祖老子并称为"老庄"，他们的哲学思想体系，被思想学术界尊为"老庄哲学"，但文采更胜老子。代表作《庄子》并被尊崇者演绎出多种版本，名篇有《逍遥游》《齐物论》等，庄子主张"天人合一"和"清静无为"。

古文今译

北方的大海里有一条鱼，它的名字叫做鲲。鲲的体积，真不知道大到几千里；变化成为鸟，它的名字就叫鹏。鹏的脊背，真不知道长到几千里；当它奋起而飞的时候，那展开的双翅就像天边的云。这只鹏鸟呀，随着海上汹涌的波涛迁徙到南方的大海。南方的大海是个天然的大池。《齐谐》是一部专门记载怪异事情的书，这本书上记载说："鹏鸟迁徙到南方的大海，翅膀拍击水面激起三千里的波涛，海面上急骤的狂风盘旋而上直冲九万里高空，离开北方的大海用了六个月的时间方才停歇下来。"

重读经典

宋人资①章甫②而适③诸越，越人断发④文身⑤，无所用之。尧治天下之民，平海内之政，往见四子⑥藐姑射之山，汾水之阳⑦，窅然⑧丧⑨其天下焉。

难词逐个解

① 资：贩卖。 ② 章甫：古代殷地人的一种礼帽。 ③ 适：往。 ④ 断发：不蓄头发。 ⑤ 文身：在身上刺满花纹。越国处南方，习俗与中原的宋国不同。 ⑥ 四子：旧注指王倪、啮缺、被衣、许由四人，实为虚构的人物。 ⑦ 阳：山的南面或水流的北面。 ⑧ 窅（yǎo）然：怅然若失的样子。 ⑨ 丧：丧失、忘掉。

古文今译

　　北方的宋国有人贩卖帽子到南方的越国，越国人不蓄头发满身刺着花纹，没什么地方用得着帽子。尧治理好天下的百姓，安定了海内的政局，到姑射山上、汾水北面，去拜见四位得道的高士，不禁怅然若失，忘记了自己居于治理天下的地位。

重读经典

　　夫大道不称①，大辩不言，大仁不仁，不廉不嗛②，不勇不忮③。道昭④而不道，言辩而不及⑤，仁常而不成，廉清而不信，勇忮而不成。

难词逐个解

① 称：举称。一说通作"偁"，宣扬的意思。　② 嗛：通"谦"，谦逊。　③ 忮：伤害。
④ 昭：明，这里指明白无误地完全表露出来。　⑤ 不及：达不到，这里指言论表达不到的地方。

古文今译

　　至高无上的真理是不必称扬的，最了不起的辩说是不必言说的，最具仁爱的人是不必向人表示仁爱的，最廉洁方正的人是不必表示谦让的，最勇敢的人是从不伤害他人的。真理完全表露于外那就不算是真理，逞言肆辩总有表达不到的地方，仁爱之心经常流露反而成就不了仁爱，廉洁到清白的极点反而不太真实，勇敢到随处伤人也就不能成为真正勇敢的人。

重读经典

　　孔子适①楚，楚狂接舆②游其门曰："凤③兮凤兮，何如德之衰也！来世不可待，往世不可追也。天下有道④，圣人成焉；天下无道，圣人生焉。方今之时，仅免刑焉。福轻乎⑤羽，莫⑥之知载；祸重乎地，莫之知避。已乎已乎，临人以德！殆乎殆乎，画地⑦而趋！迷阳迷阳，无伤吾行！吾行郤曲，无伤吾足。"

难词逐个解

① 适：往。　② 楚狂接舆：楚国的隐士，相传姓陆名通，接舆为字。　③ 凤：凤鸟，这里用来

比喻孔子。　④有道：指顺应规律使社会得到治理。下句的"无道"则与此相反。　⑤乎：于，比。　⑥莫：不。　⑦画地：在地面上画出道路来。喻指人为的规范让人们去遵循。

古文今译

　　孔子去到楚国，楚国隐士接舆有意来到孔子门前，说："凤鸟啊，凤鸟啊！你怎么怀有大德却来到这衰败的国家！未来的世界不可期待，过去的时日无法追回。天下得到了治理，圣人便成就了事业；国君昏暗天下混乱，圣人也只得顺应潮流苟全生存。当今这个时代，怕就只能免遭刑辱。幸福比羽毛还轻，而不知道怎么取得；祸患比大地还重，而不知道怎么回避。算了吧，算了吧！不要在人前宣扬你的德行！危险啊，危险啊！人为地画出一条道路让人们去遵循！遍地的荆棘啊，不要妨碍我的行走！曲曲弯弯的道路啊，不要伤害我的双脚！"

重读经典

　　吾生也有涯①，而知②也无涯。以有涯随③无涯，殆④已；已而为知者，殆而已矣！为善无近名，为恶无近⑤刑。缘⑥督以为经，可以保身，可以全生⑦，可以养亲，可以尽年⑧。

难词逐个解

①涯：边际，极限。　②知：知识，才智。　③随：追随，索求。　④殆：危险，这里指疲困不堪，神伤体乏。　⑤近：接近，这里含有追求、贪图的意思。　⑥缘：顺着，遵循。
⑦生：通作"性"，"全生"意思是保全天性。　⑧尽年：终享天年，不使夭折。

古文今译

　　人们的生命是有限的，而知识却是无限的。以有限的生命去追求无限的知识，势必体乏神伤，既然如此还在不停地追求知识，那可真是十分危险的了！做了世人所谓的善事却不去贪图名声，做了世人所谓的恶事却不至于面对刑戮的屈辱。遵从自然的中正之路并把它作为顺应事物的常法，这就可以护卫自身，就可以保全天性，就可以不给父母留下忧患，就可以终享天年。

第四单元

经典名篇

诵读文言文应该注意的问题：

1. 读准字音。诵读文言文的一项很重要的也是必须的基本功便是读准字音。一是根据语境来判定文言文中多音字的读音。二是注意文言文中的通假异读和古音异读。

2. 分清句读，把握好句中停顿。文言句中出现了在古代是两个单音词，而在现代汉语中这两个单音词恰巧是一个双音词，词义也发生了变化的情况，就要把这两个单音词分开来读，否则就会误解词义。

3. 读出语气和感情。注意虚词在文中的表达语气和情感的作用，结合文意读出文章的感情和语气，表现出文章的抑扬顿挫、跌宕起伏的节奏感。

报任安书（节选）

[汉] 司马迁

古者富贵而名摩①灭，不可胜记，唯倜傥②非常之人称焉。盖西伯（文王）拘而演《周易》；仲尼厄③而作《春秋》；屈原放逐，乃赋《离骚》；左丘失明，厥有《国语》；孙子膑④脚，《兵法》修列⑤；不韦迁蜀，世传《吕览》；韩非囚秦，《说难》《孤愤》；《诗》三百篇，大底⑥圣贤发愤之所为作也。此人皆意有所郁结，不得通其道，故述往事、思来者。乃如左丘明无目，孙子断足，终不可用，退而论书策，以舒其愤，思垂⑦空文以自见。

难词逐个解

①摩：通"磨"。　②倜傥：卓越豪迈，才华不凡。　③厄：受困，指孔子周游列国所受的困厄。　④膑：断足之刑。　⑤修列：著述，编著。　⑥底：同"抵"。　⑦垂：流传。

微博在线

司马迁，字子长，中国古代伟大的史学家、思想家、文学家，被后人尊称为"史圣"。他最大的贡献是创作了中国第一部纪传体通史《史记》（原名《太史公书》）。该书记载了上自中国上古传说中的黄帝时代，下至公元前101年（汉武帝太初四年），共3000多年的历史，被认为是中国史书的典范。

古文今译

古时虽富贵但名字磨灭不传的人，多得数不清，只有那些卓异而不平常的人才得以留下名来。如西伯姬昌被拘禁而扩写《周易》；孔子受困窘而作《春秋》；屈原被放逐，才写了《离骚》；左丘明失去视力，才有《国语》；孙膑被截去膝盖骨，《兵法》才撰写出来；吕不韦被贬谪蜀地，后世才流传着《吕氏春秋》；韩非被囚禁在秦国，才写出《说难》《孤愤》；《诗》三百篇，大都是一些圣贤们抒发愤懑而写作的。这些都是人们感情有压抑郁结不解的地方，不能实现其理想，所以记述过去的事迹，让将来的人了解他的志向。就像左丘明没有了视力，孙膑断了双脚，终生不能被人重用，便退隐著书立说来抒发他们的怨愤，想到活下来从事著作来表现自己的思想。

诫子书（节选）

［三国］诸葛亮

夫①君子之行②，静以修身，俭以养德。非淡泊③无以明志，非宁静④无以致远⑤。夫学须静也，才须学也，非学无以广才⑥，非志无以成学。淫慢⑦则不能励精⑧，险躁⑨则不能治性⑩。年与时驰⑪，意与日⑫去，遂⑬成枯落⑭，多不接世⑮，悲守穷庐⑯，将复何及⑰！

难词逐个解

①夫：句首发语词，无实在的意义。 ②行：操守、品德。 ③淡泊：清净而不贪图名利。 ④宁静：这里指安静，集中精神，不分散精力。 ⑤致远：实现远大目标。 ⑥广才：增长才干。 ⑦淫慢：过度地享乐。慢，懈怠，懒惰。淫，过度。 ⑧励精：奋勉，振奋。 ⑨险躁：冒险急躁，与上文"宁静"相对而言。 ⑩治性：治通冶，陶冶性情。 ⑪驰：消失、逝去。 ⑫日：时间。 ⑬遂：于是，就。 ⑭枯落：枯叶一样飘零，形容人韶华逝去。 ⑮接世：接触社会，承担事物；有"用世"的意思。 ⑯穷庐：破房子。 ⑰将复何及：怎么还来得及。

微博在线

诸葛亮（181—234），字孔明，号卧龙。三国时期蜀汉丞相，杰出的政治家、军事家、发明家、文学家。在世时被封为武乡侯，死后追谥忠武侯。后来的东晋政权为了推崇诸葛亮的军事才能，特追封他为武兴王。其代表作有《前出师表》《后出师表》《诫子书》等；曾发明木牛流马、孔明灯等。诸葛亮在后世受到极大的尊崇，成为后世忠臣的楷模，智慧的化身。

古文今译

有道德修养的人，是这样进行修养锻炼的，他们以静思反省来使自己尽善尽美，以俭朴节约财物来培养自己高尚的品德。不清心寡欲就不能使自己的志向明确坚定，不安定清静就不能实现远大理想而长期刻苦学习。要学得真知必须使身心在宁静中研究探讨，人们的才能是从不断的学习中积累起来的；如果不下苦功学习就不能增长也不能发扬自己的才干；如果没有坚定不移的意志就不能使学业成功。纵欲放荡、消极怠慢就不能勉励心志使精神振作；冒险草

率、急躁不安就不能陶冶性情使节操高尚。如果年华与岁月虚度，志愿时日消磨，最终就会像枯枝落叶般一天天衰老下去。这样的人不会为社会所用而有益于社会，只有悲伤地困守在自己的穷家破舍里，到那时再后悔也来不及了。

重读经典

伤仲永

〔宋〕王安石

金溪民①方仲永，世②隶耕。仲永生五年，未尝③识④书具，忽啼求之。父异焉，借旁近与之，即书诗四句，并自为其名。其诗以养父母、收族为意，传一乡秀才观之。自是指物作诗立就，其文理皆有可观者。邑人奇⑤之，稍稍⑥宾客其父，或以钱币乞之。父利其然也，日扳⑦仲永环谒于邑人，不使学。

余闻之也久。明道中，从先人还家，于舅家见之，十二三矣。令作诗，不能称前时之闻。又七年，还自扬州，复到舅家，问焉。曰："泯然众人矣！"

王子曰：仲永之通悟，受之天也。其受之天也，贤于材人远矣。卒之为众人，则其受于人者不至也。彼其受之天也，如此其贤也，不受之人，且为众人；今夫不受之天，固众人，又不受之人，得为众人而已耶？

难词逐个解

① 民：平民百姓。　② 世：世代。　③ 尝：曾经。　④ 识：认识。　⑤ 奇：对……感到惊奇。
⑥ 稍稍：渐渐。　⑦ 扳：通"攀"，拉，此指强拉。

微博在线

王安石（1021—1086），字介甫，号半山，谥文，封荆国公。世人又称王荆公。中国历史上杰出的政治家、思想家、文学家、改革家，唐宋八大家之一。北宋丞相、新党领袖。作品有《王临川集》《临川集拾遗》等。

 古文今译

金溪平民方仲永，世代以耕田为业。仲永长到五岁时，不曾认识书写工具。有一天忽然哭着要这些东西。父亲对此感到诧异，借邻居家的给他，仲永立即写了四句诗，并且自己题上自己的名字。这首诗以赡养父母，和同宗族的人搞好关系为内容，传送全乡的秀才观赏。从此，指定物品让他作诗，仲永立即完成，诗的文采和道理都有值得看的地方。同县的人对此感到惊奇，渐渐地请他父亲去做客。有的用钱请仲永题诗讨取仲永的诗作。他的父亲对此感到有利可图，每天拉着仲永四处拜访同县的人，不让他学习。

我听说这件事很久了。明道年间，我随先父回到家乡见到了仲永，他已经十二三岁了。让他作诗，写出来的诗不能与从前的名声相当。又过了七年，我从扬州回来，再次来到舅舅家，问起方仲永的情况，回答说："完全如同常人了。"

王先生说：仲永的通达聪慧就是先天得到的。他的天资比一般有才能的人高很多。他最终成为常人，就是因为他后天所受的教育没有达到要求。像他那样天生聪明，如此有才智的人，没有受到后天的教育，尚且成为常人；那么，现在那些不是天生聪明，本来就平凡的人，又不接受后天教育，比普通人还要不如。

重读经典

黔之驴

[唐] 柳宗元

黔无驴，有好事者①船载以入。至则无可用，放之山下。虎见之，庞然②大物也，以为神，蔽③林间窥之。稍④出近⑤之，慭慭然⑥，莫相知。

他日，驴一鸣，虎大骇⑦，远遁⑧；以为且噬⑨己也，甚恐。然往来⑩视之，觉无异能⑪者；益⑫习其声，又近出前后，终不敢搏。稍近，益狎⑬，荡倚冲冒⑭。

驴不胜怒，蹄之。

虎因喜，计之⑮曰："技止此耳！"因跳踉大 ，断其喉，尽其肉，乃去。

经典诵读 六年级
新语文分级读本

难词逐个解

① 好事者：喜欢多事的人。　② 庞然：巨大的样子。　③ 蔽：隐蔽，躲藏。
④ 稍：渐渐。　⑤ 近：这里是接近的意思。　⑥ 慭慭然：小心谨慎的样子。
⑦ 大骇：非常害怕。　⑧ 远遁：远远地逃走。　⑨ 噬：咬。　⑩ 往来：走过
来，走过去。　⑪ 异能：特殊的本领。　⑫ 益：渐渐，更。　⑬ 狎：态度亲
近而不庄重。　⑭ 荡倚冲冒：摇晃依偎，冲击顶撞。　⑮ 计之：考虑这件事。

微博在线

　　柳宗元（773—819），字子厚，山西运城人，世称"柳河东""河东先生"。
因曾官至柳州刺史，又称"柳柳州""柳愚溪"。唐代文学家、哲学家、散文家
和思想家。与韩愈共同倡导唐代古文运动，并称为"韩柳"；与刘禹锡并称
"刘柳"；唐宋八大家之一；"千古文章四大家"之一。一生留诗文作品达600
余篇，其文的成就大于诗。

古文今译

　　黔这个地方没有驴子，有个喜好多事的人用船运载了一头驴进入黔地。运
到后却没有什么用处，便把它放置在山下。老虎见到它，一看原来是个巨大的
动物，就把它当做了神奇的东西。于是隐藏在树林中偷偷地窥探它。老虎渐渐
地走出来接近它，很小心谨慎，不了解它究竟有多大本领。
　　一天，驴子一声长鸣，老虎大为惊骇，顿时远远地逃跑；认为驴子想要咬自
己，非常恐惧。然而老虎来来往往地观察它，觉得驴子好像没有什么特殊的本领似
的；渐渐地习惯了它的叫声，又靠近它前前后后地走动；但老虎始终不敢和驴子搏
击。慢慢地，老虎又靠近了驴子，态度更为随便，碰擦闯荡、冲撞冒犯它。
　　驴禁不住发怒，用蹄子踢老虎。
　　老虎因此而欣喜，盘算此事。心想道："驴子的本领只不过如此罢了！"于
是跳跃起来，大声吼叫，咬断驴的喉咙，吃完了它的肉，才离去。

重读经典

曹刿论战

[春秋] 左丘明

　　十年春，齐师伐我①，公②将战。曹刿请见。其乡人曰：
"肉食者③谋之，又何间④焉？"刿曰："肉食者鄙⑤，未能远

谋。"乃入见。问："何以战？"公曰："衣食所安，弗敢专也，必以分人。"对曰："小惠未徧，民弗从也。"公曰："牺牲玉帛，弗敢加⑥也，必以信⑦。"对曰："小信未孚⑧，神弗福也。"公曰："小大之狱⑨，虽不能察，必以情。"对曰："忠之属也。可以一战。战则请从。"

公与之乘，战于长勺。公将鼓⑩之。刿曰："未可。"齐人三鼓。刿曰："可矣。"齐师败绩。公将驰之。刿曰："未可。"下视其辙，登轼而望之，曰："可矣。"遂逐齐师。

既克，公问其故。对曰："夫战，勇气也。一鼓作气⑪，再⑫而衰，三而竭。彼竭我盈，故克之。夫大国难测也，惧有伏焉。吾视其辙乱，望其旗靡⑬，故逐之。"

难词逐个解

① 我：指鲁国。　② 公：指鲁庄公。　③ 肉食者：指做大官的人。当时大夫以上的官每天可以吃肉。　④ 间：参与。　⑤ 鄙：鄙陋，指见识短浅。　⑥ 加：夸大。　⑦ 信：真实，诚实。　⑧ 孚：信任。　⑨ 狱：诉讼案件。　⑩ 鼓：击鼓进军。　⑪ 作气：鼓足勇气。　⑫ 再：第二次。　⑬ 靡：倒下。

微博在线

左丘明，春秋末期史学家。鲁国（今山东肥城）人，双目失明，故后人又称盲左。他历经30余年所写的《左传》，是我国第一部完整的编年体史书，在文学上也有很高的成就。又著《国语》，分别记载西周末年至春秋时期周王室及鲁、齐、晋、郑、楚、吴、越诸国史实，偏重记述君臣言论，是我国最早的国别史。

古文今译

庄公十年的春天，齐国军队攻打鲁国。鲁庄公将要出兵应战，曹刿请求见庄公。他的同乡说："做大官的人会谋划这件事，你又何必参与呢？"曹刿说："做大官的人见识短浅，不能深谋远虑。"于是他入朝拜见庄公。

曹刿问庄公："您凭借什么去同齐国作战？"庄公答道："衣服粮食这些用来安身的物品，我不敢独自享用，必定要分一些给别人。"曹刿说："这种小恩小惠没有遍及每个民众，他们不会跟从您去作战的。"庄公说："祭祀用的牲畜、宝玉和丝绸，我不敢夸大，一定要忠实诚信。"曹刿答道："这种小信不足以使鬼神信任，鬼神是不会赐福的。"庄公说："大大小小的官司案件，虽然不能一一明察，也一定要处理得合乎情理。"曹刿说："这是尽心尽力为民办事的表现，可以凭这个同齐国打仗。打仗的时候，请让我跟您一同去。"

庄公和曹刿同乘一辆战车，在长勺同齐军交战。庄公正想击鼓进兵，曹刿说："不行。"齐军已经击了三通鼓。曹刿说："可以出兵了。"齐军被打得大败，庄公准备驱车追击。"曹刿说："还不行。"他下了车，察看齐军车轮的印迹，然后登上车，扶着车轼瞭望齐军，说："可以追击了。"于是开始追击齐军。

鲁军打了胜仗之后，庄公问曹刿取胜的原因。曹刿回答说："打仗凭的全是勇气。第一次击鼓时士兵们鼓足了勇气，第二次击鼓时勇气就衰退了，第三次击鼓时勇气便耗尽了。敌方的勇气耗尽时，我们的勇气正旺盛，所以会取胜。大国用兵作战难以预测，我担心他们设兵埋伏。后来，我看出他们的车轮印很乱，望见他们的旗帜倒下，所以才去追击他们。"

疾困与孙权笺

[三国] 周瑜

瑜以凡才①，昔受讨逆殊特之遇，委以腹心②。遂荷③荣任，统御兵马，志执鞭④弭，自效戎行。规定巴蜀，次取襄阳，凭赖威灵，谓若在握。至以不谨⑤，道遇暴疾，昨自医疗，日加无损⑥。人生有死，修短命⑦矣，诚不足惜。但恨微志未展，不复奉教命⑧耳。

方今曹公在北，疆场未静，刘备寄寓，有似养虎，天下之事未知终始，此朝士旰食⑨之秋，至尊垂虑之日也。鲁肃忠烈，临事不苟，可以代瑜。人之将死，其言也善⑩，傥或可采，瑜死不朽矣。

难词逐个解

① 凡才：平凡的人。　② 腹心：很重要的事。　③ 荷：担负。　④ 执鞭：指挥战斗的意思。
⑤ 谨：在意，注意。　⑥ 日加无损：病却是日日加重不见减轻。　⑦ 修短命：人的寿命有长有短。　⑧ 教命：教诲和差遣。　⑨ 朝士旰食：文臣武将忙得不能按时吃晚饭。　⑩ 善：善意的，忠诚的。

微博在线

周瑜，字公瑾，东汉末年东吴名将，相貌英俊有"周郎"之称。从青少年时就辅助孙策创建了江东的基业，年轻有为。公元208年，孙、刘联军在周瑜的指挥下，于赤壁以火攻击败曹操的军队，此战也奠定了三分天下的基础。公元210年，周瑜因病去世，年仅36岁。

古文今译

我是个平凡的人，过去受到讨逆将军特殊的厚爱，委托我很重要的事。于是担负建威中郎将，统帅着兵马，指挥战斗，自己尽心效力参与作战。平定了巴州蜀州，又接着占领荆州，凭借着国家（与吴主）的威力，觉得事业的成功好像就在手掌之中。后来因为不注意，中途得了急病，前些日子医治疗养，病却是日日加重不见减轻，人生必有一死，人的寿命有长有短，这实在不值得叹惜。只是遗恨平生的志向没能得到施展与践行，又不能再受到您的教诲和差遣了。

现在曹操在中原称雄，疆场未得平静，刘备寄住在荆州，实在像是养虎为患，天下的事还不知结局如何，这真乃多事之秋，是文臣武将忙得不能按时吃晚饭的时候，是主公思考焦虑的日子啊。在这样的日子里，鲁肃是个忠诚严正的人，遇事不会随便苟同，他是可以代替我的人。人到临死时，他的话是善意的忠诚的，倘若对主公来说可以采用，我死而无憾了。

《礼记》① 一则

［西汉］ 戴圣

大道②之行③也，天下为④公，选贤与能，讲信修睦。故人不独亲其亲，不独子其子，使老有所终，壮有所用，幼有所长，矜⑤、寡⑥、孤⑦、独⑧、废疾⑨者皆有所养，男有分⑩，女有归⑪。货恶其弃于地也，不必藏于己；力恶其不出于身也，不必为己。是故⑫谋闭而不兴，盗窃乱贼而不作，故外户而不闭，是谓大同。

难词逐个解

①《礼记》：是中国古代一部重要的典章制度书籍。该书是编定的。戴德选编的八十五篇本叫《大戴礼记》，在后来的流传过程中若断若续，到唐代只剩下了三十九篇。戴圣选编的四十九篇本叫《小戴礼记》，即我们今天见到的《礼记》。这两种书各有侧重和取舍，各有特色。东汉末年，著名学者郑玄为《小戴礼记》作了出色的注解，后来这个本子便盛行不衰，并由解说经文的著作逐渐成为经典，到唐代被列为"九经"之一，到宋代被列入"十三经"之中，为士者必读之书。　②大道：古代指政治上的最高理想。　③行：施行。　④为：是，表判断。　⑤矜：老而无妻的人。矜，通"鳏"。　⑥寡：老而无夫的人。　⑦孤：幼而无父的人。　⑧独：老而无子的人。　⑨废疾：残疾人。⑩男有分：男子有职务。分，职分，指职业、职守。　⑪女有归：意思是女子有归宿。归，指女子出嫁。　⑫是故：即"故是"，可译为"因此""所以""这样一来"。

微博在线

戴圣，字次君，世称小戴，西汉官员、学者，汉代今文经学的开创者。戴曾任九江太守，平生以学习儒家经典为主，尤重《礼》学研究。与叔父戴德拜经学大师后苍为师，潜心钻研《礼》学，各有所得，逐步形成自己的学说体系，成为今文礼学大师。戴德号称"大戴"，戴圣被称为"小戴"，二人合称为"大小戴"。

古文今译

大道在天下实行时，把天下作为大家所共有的，把品德高尚的人、能干的人选拔出来。人们都讲求诚信，培养和睦的气氛。因此人们不只是赡养自己的父母，不只是抚育自己的孩子，让老人能够终其天年，成年人能够为社会效力，年幼的人能够顺利地成长。使老而无妻的人、老而无夫的人、幼而无父的人、老而无子的人、残疾人都能得到供养。男子有职务，女子有归宿。对于财货，人们都憎恨把它扔在地上的行为，却不一定要自己私藏。人们都愿意为公众之事竭尽全力，而不一定为自己谋私利。因此，奸邪之谋不会发生，盗窃、造反和害人的事情不发生，家家户户都不用关大门了。这就是理想社会。

第五单元

准确地把握作品内容，透彻地理解其内在含义，是诵读重要的前提和基础。朗诵中各种艺术手段的运用固然十分重要，但是，如果离开了准确透彻地把握内容这个前提，那么，艺术技巧成了无源之水、无本之木，成了一种纯粹的形式主义，也就无法做到传情，无法让听众动情了。要准确透彻地把握作品内容，应注意以下几点：

1. 正确、深入地理解。
2. 深刻、细致地感受。
3. 丰富、逼真地想象。

风　波

鲁　迅

太阳收尽了他最末的光线了，水面暗暗地回复过凉气来；土场上一片碗筷声响，人人的脊梁上又都吐出汗粒。七斤嫂吃完三碗饭，偶然抬起头，心坎里便禁不住突突地发跳。伊透过乌桕叶，看见又矮又胖的赵七爷正从独木桥上走来，而且穿着宝蓝色竹布的长衫。

赵七爷是邻村茂源酒店的主人，又是这三十里方圆以内的唯一的出色人物兼学问家；因为有学问，所以又有些遗老的臭味。他有十多本金圣叹批评的《三国志》，时常坐着一个字一个字的读；他不但能说出五虎将姓名，甚而至于还知道黄忠表字汉升和马超表字孟起。革命以后，他便将辫子盘在顶上，像道士一般；常常叹息说，倘若赵子龙在世，天下便不会乱到这地步了。七斤嫂眼睛好，早望见今天的赵七爷已经不是道士，却变成光滑头皮，乌黑发顶；伊便知道这一定是皇帝坐了龙庭，而且一定须有辫子，而且七斤一定是非常危险。因为赵七爷的这件竹布长衫，轻易是不常穿的，三年以来，只穿过两次：一次是和他呕气的麻子阿四病了的时候，一次是曾经砸烂他酒店的鲁大爷死了的时候；现在是第三次了，这一定又是于他有庆，于他的仇家有殃了。

七斤嫂记得，两年前七斤喝醉了酒，曾经骂过赵七爷是"贱胎"，所以这时便立刻直觉到七斤的危险，心坎里突突地发起跳来。

赵七爷一路走来，坐着吃饭的人都站起身，拿筷子点着自己的饭碗说，"七爷，请在我们这里用饭！"七爷也一路点头，说道"请请"，却一径走到七斤家的桌旁。七斤们连忙招呼，七爷也微笑着说"请请"，一面细细的研究他们的饭菜。

"好香的菜干，——听到了风声了么？"赵七爷站在七斤的后面七斤嫂的对面说。

"皇帝坐了龙庭了。"七斤说。

七斤嫂看着七爷的脸，竭力陪笑道："皇帝已经坐了龙庭，几时皇恩大赦呢？"

"皇恩大赦？——大赦是慢慢的总要大赦罢。"七爷说到这里，声色忽然严厉起来，"但是你家七斤的辫子呢，辫子？这倒是要紧的事。你们知道：长毛时候，留发不留头，留头不留发，……"

七斤和他的女人没有读过书，不很懂得这古典的奥妙，但觉得有学问的七爷这么说，事情自然非常重大，无可挽回，便仿佛受了死刑宣告似的，耳朵里嗡的一声，再也说不出一句话。

"一代不如一代，——"九斤老太正在不平，趁这机会，便对赵七爷说，"现在的长毛，只是剪人家的辫子，僧不僧，道不道的。从前的长毛，这样的么？我活到七十九岁了，活够了。从前的长毛是——整匹的红缎子裹头，拖下去，拖下去，一直拖到脚跟；王爷是黄缎子，拖下去，黄缎子；红缎子，黄缎子，——我活够了，七十九岁了。"

七斤嫂站起身，自言自语的说："这怎么好呢？这样的一班老小，都靠他养活的人，……"

赵七爷摇头道："那也没法。没有辫子，该当何罪，书上都一条一条明明白白写着的。不管他家里有些什么人。"

七斤嫂听到书上写着，可真是完全绝望了；自己急得没法，便忽然又恨到七斤。伊用筷子指着他的鼻尖说："这死尸自作自受！造反的时候，我本来说，不要撑船了，不要上城了。他偏要死进城去，滚进城去，进城便被人剪去了辫子。从前是绢光乌黑的辫子，现在弄得僧不僧道不道的。这囚徒自作自受，带累了我们又怎么说呢？这活死尸的囚徒……"

村人看见赵七爷到村，都赶紧吃完饭，聚在七斤家饭桌的周围。七斤自己知道是出场人物，被女人当大众这样辱骂，很不雅观，便只得抬起头，慢慢地说道：

"你今天说现成话，那时你……"

"你这活死尸的囚徒……"

看客中间，八一嫂是心肠最好的人，抱着伊的两周岁的遗腹子，正在七斤嫂身边看热闹；这时过意不去，连忙解劝说："七斤嫂，算了罢。人不是神仙，谁知道未来事呢？便是七斤嫂，那时不也说，没有辫子倒也没有什么丑么？况且衙门里的大老爷也还没有告示，……"

七斤嫂没有听完，两个耳朵早通红了；便将筷子转过向来，指着八一嫂的鼻子，说："阿呀，这是什么话呵！八一嫂，我自己看来倒还是一个人，会说出这样昏诞胡涂话么？那时我是，整整哭了三天，谁都看见；连六斤这小鬼也都哭，……"六斤刚吃完一大碗饭，拿了空碗，伸手去嚷着要添。七斤嫂正没好气，便用筷子在伊的双丫角中间，直扎下去，大喝道："谁要你来多嘴！你这偷汉的小寡妇！"

扑的一声，六斤手里的空碗落在地上了，恰巧又碰着一块砖角，立刻破成一个很大的缺口。七斤直跳起来，捡起破碗，合上检查一回，也喝道："入娘的！"一巴掌打倒了六斤。六斤躺着哭，九斤老太拉了伊的手，连说着"一代不如一代"，一同走了。

八一嫂也发怒，大声说："七斤嫂，你'恨棒打人'……"

赵七爷本来是笑着旁观的；但自从八一嫂说了"衙门里的大老爷没有告示"这话以后，却有些生气了。这时他已经绕出桌旁，接着说："'恨棒打人'，算什么呢。大兵是就要到的。你可知道，这回保驾的是张大帅，张大帅就是燕人张翼德的后代，他一支丈八蛇矛，就有万夫不当之勇，谁能抵挡他，"他两手同时捏起空拳，仿佛握着无形的蛇矛模样，向八一嫂抢进几步道，"你能抵挡他么！"

八一嫂正气得抱着孩子发抖，忽然见赵七爷满脸油汗，瞪着眼，准对伊冲过来，便十分害怕，不敢说完话，回身走了。赵七爷也跟着走去，众人一面怪八一嫂多事，一面让开路，几个剪过辫子重新留起的便赶快躲在人丛后面，怕他看见。赵七爷也不细心察访，通过人丛，忽然转入乌柏树后，说道"你能抵挡他么！"跨上独木桥，扬长去了。

村人们呆呆站着，心里计算，都觉得自己确乎抵不住张翼德，因此也决定七斤便要没有性命。七斤既然犯了皇法，想起他往常对人谈论城中的新闻的时候，就不该含着长烟管显出那般骄傲模样，所以对七斤的犯法，也觉得有些畅快。他们也仿佛想发些议论，却又觉得没有什么议论可发。嗡嗡的一阵乱嚷，蚊子都撞过赤膊身子，闯到乌柏树下去做市；他们也就慢慢地走散回家，关上门去睡觉。七斤嫂咕哝着，也收了家伙和桌子矮凳回家，关上门睡觉了。

七斤将破碗拿回家里，坐在门槛上吸烟；但非常忧愁，忘却了吸烟，象牙嘴六尺多长湘妃竹烟管的白铜斗里的火光，渐渐发黑了。他心里但觉得事情似乎十分危急，也想想些方法，想些计画，但总是非常模糊，贯穿不得："辫子呢辫子？丈八蛇矛。一代不如一代！皇帝坐龙庭。破的碗须得上城去钉好。谁能抵挡他？书上一条一条写着。入娘的！……"

第二日清晨，七斤依旧从鲁镇撑航船进城，傍晚回到鲁镇，又拿着六尺多长的湘妃竹烟管和一个饭碗回村。他在晚饭席上，对九斤老太说，这碗是在城内钉合的，因为缺口大，所以要十六个铜钉，三文一个，一总用了四十八文小钱。

九斤老太很不高兴的说："一代不如一代，我是活够了。三文钱一个钉；从前的钉，这样的么？从前的钉是……我活了七十九岁了，——"

此后七斤虽然是照例日日进城，但家景总有些黯淡，村人大抵回避着，不再来听他从城内得来的新闻。七斤嫂也没有好声气，还时常叫他"囚徒"。

过了十多日，七斤从城内回家，看见他的女人非常高兴，问他说："你在城里可听到些什么？"

"没有听到些什么。"

"皇帝坐了龙庭没有呢？"

"他们没有说。"

"咸亨酒店里也没有人说么？"

"也没人说。"

"我想皇帝一定是不坐龙庭了。我今天走过赵七爷的店前，看见他又坐着念书了，辫子又盘在顶上了，也没有穿长衫。"

"……"

"你想，不坐龙庭了罢？"

"我想，不坐了罢。"

现在的七斤，是七斤嫂和村人又都早给他相当的尊敬，相当的待遇了。到夏天，他们仍旧在自家门口的土场上吃饭；大家见了，都笑嘻嘻的招呼。九斤老太早已做过八十大寿，仍然不平而且健康。六斤的双丫角，已经变成一支大辫子了；伊虽然新近裹脚，却还能帮同七斤嫂做事，捧着十八个铜钉的饭碗，在土场上一瘸一拐的往来。

一九二〇年十月

微博在线

鲁迅（1881—1936），原名周树人，字豫才。中国现代文学的奠基人，创造社现实主义小说创作的代表作家。"鲁迅"是他1918年发表《狂人日记》时开始使用的笔名。小说代表作有：《狂人日记》（1918年发表，中国第一篇现代白话小说）《药》《孔乙己》《故乡》《阿Q正传》《祝福》《孤独者》《伤逝》等。小说集有：《呐喊》《彷徨》《故事新编》。抒情性散文集（散文诗集）有：《野草》。回忆性叙事散文集有：《朝花夕拾》。主要杂文集有：《热风》《坟》《华盖集》《而已集》《二心集》《三闲集》《花边文学》《伪自由书》《且介亭杂文》等十四部。散文名篇有：《过客》《秋夜》等。

小说描写 1917 年张勋复辟事件在江南某水乡所引起的一场关于辫子的风波，以小见大，展示了辛亥革命后中国农村的封闭、愚昧、保守的沉重氛围，帝制余孽还在向农民肆虐，农民还处于封建势力和封建思想的统治和控制之下，揭示了缺乏精神信仰的追求而陷于自私、苟活、麻木、冷漠的国民性的弱点。说明辛亥革命并没有给封建统治下的中国农村带来真正的变革，今后的社会革命，若不能唤醒民众，是难以成功的。

吃 相

梁实秋

一位外国朋友告诉我，他旅游西南某地的时候，偶于餐馆进食，忽闻壁板砰砰作响，其声清脆，密集如连珠炮，向人打听才知道是邻座食客正在大啖其糖醋排骨。这一道菜是这餐馆的拿手菜，顾客欣赏这个美味之余，顺嘴把骨头往旁边喷吐，你也吐，我也吐，所以把壁板打得叮叮当当响。不但顾客为之快意，店主人听了也觉得脸上光彩，我认为这是大家为他捧场。这位外国朋友问我这是不是国内各地普遍的风俗，我告诉他我走过十几省还不曾遇见过这样的场面，而且当场若无壁板设备，或是顾客嘴部筋肉不够发达，此种盛况即不易发生。可是我心中暗想，天下之大，无奇不有，这样的事恐怕亦不无发生的可能。

《礼记》有"毋啮骨"之诫，大概包括啃骨头的举动在内。糖醋排骨的肉与骨是比较容易脱离的，大块的骨头上所连带着的肉若是用牙齿咬断下来，那龇牙咧嘴的样子便觉不大雅观。所以"割不正不食""席不正不食"都是对于在桌面上进膳的人而言，啃骨应该是桌底下另外一种动物所做的事。不要以为我们一部分人把排骨吐得噼啪响便断定我们的吃相不佳。各地有各地的风俗习惯。世界上至今还有不少地方是用手抓食的。听说他们是用右手取食，左手则专供做另一种肮脏的事，不可混用，可见也还注重清洁。我不知道象咖喱鸡饭一类黏糊糊儿的东西如何用手指往嘴里送。用手取食，原是古已有之的老法。罗马皇帝尼禄大宴群臣，他从一只硕大无比的烤鹅身上扯下一条大腿，手举着鼓槌，歪着脖子啃而食之，那副贪婪无厌的饕餮相我们可于想象中得之。罗马的光荣不过尔尔，等而下之不必论了。欧洲中古时代，餐桌上的刀叉是奢侈品，从十一世纪到十五世纪不曾被普遍使用，有些人自备刀叉随身携带，这种作风一直延至十八世纪还偶尔可见，据说在酷嗜通心粉的国度里，市尘道旁随处都有贩卖通心粉（与不通心粉）的摊子，食客都是伸出右手象是五股钢叉一般把粉条一卷就送到口里，干净利落。

不要耻笑西方风俗鄙陋，我们泱泱大国自古以来也是双手万能。《礼记》："共饭不泽手。"吕氏注曰："不泽手者，古之饭者以手，与人共饭，摩手而有汗泽，人将恶之而难言。"饭前把手洗洗揩揩也就是了。樊哙把一块生猪肘子放在铁楯上拔剑而啖之，那是鸿门宴上的精彩节目，可是那个吃相也就很可观了。我们不愿意在餐桌上挥刀舞叉，我们的吃饭工具主要的是筷子，筷子即箸，古称饭颊。细细的两根竹筷，搦在手上，运动自如，能戳、能夹、能撮、能扒，神乎其技。不过我们至今也还有用手进食的地方，象从兰州到新疆，"抓饭""抓肉"都是很驰名的。我们即使运用筷子，也不能不有相当的约束，若是频频夹取如金鸡乱点头，或挑肥拣瘦地在盘碗里翻翻弄弄如拨草寻蛇，就不雅观。

餐桌礼仪，中西都有一套。外国的餐前祈祷，兰姆的描写可谓淋漓尽致。家长在那里低头闭眼口中念念有词，孩子们很少不在那里做鬼脸的。我们幸而极少宗教观念，小时候不敢在碗里留下饭粒，是怕长大了娶麻子媳妇，不敢把饭粒落在地上，是怕天打雷劈。喝汤而不准吮吸出声是外国规矩，我想这规矩不算太苛，因为外国的汤盆很浅，好象都是狐狸请鹭鸶吃饭时所使用的器皿，一盆汤端到桌上不可能是烫嘴热的，慢一点灌进嘴里去就可以不至于出声。若是喝一口我们的所谓"天下第一菜"口蘑锅巴汤而不出一点声音，岂不强人所难？从前我在北方家居，邻户是一个治安机关，隔着一堵墙，墙那边经常有几十口子在院子里进膳，我可以清晰的听到"呼噜，呼噜，呼——噜"的声响，然后是"咔嚓"一声。他们是在吃炸酱面，于猛吸面条之后咬一口生蒜瓣。

餐桌的礼仪要重视，不要太重视。外国人吃饭不但要席正，而且挺直腰板，把食物送到嘴边。我们"食不厌精，脍不厌细"，要维持那种姿势便不容易。我见过一位女士，她的嘴并不比一般人小多少，但是她喝汤的时候真能把上下唇撮成一颗樱桃那样大，然后以匙尖触到口边徐徐吮饮之。这和把整个调羹送到嘴里面去的人比较起来，又近于矫枉过正了。人生贵适意，在环境许可的时候是不妨稍为放肆一点。吃饭而能充分享受，没有什么太多礼法的约束，细嚼慢咽，或风卷残云，均无不可，吃的时候怡然自得，吃完之后抹抹嘴鼓腹而游，像这样的乐事并不常见。我看见过两次真正痛快淋漓的吃，印象至今犹新。一次在北京的"灶温"，那是一爿道地的北京小吃馆。棉帘启处，进来了一位赶车的，即是赶轿车的车夫，辫子盘在额上，衣襟掀起塞在褡布底下，大

摇大摆，手里托着菜叶裹着的生猪肉一块，提着一根马兰系着的一撮韭黄，把食物往框台上一拍："掌柜的，烙一斤饼！再来一碗炖肉！"等一下，肉丝炒韭黄端上来了，两张家常饼一碗炖肉也端上来了。他把菜肴分为两份，一份倒在一张饼上，把饼一卷，比拳头要粗，两手扶着矗立在盘子上，张开血盆巨口，左一口，右一口，中间一口！不大的工夫，一张饼下肚，又一张也不见了，直吃得他青筋暴露满脸大汗，挺起腰身连打两个大饱嗝。又一次，我在青岛寓所的后山坡上看见一群石匠在凿山造房，晌午歇工，有人送饭，打开笼屉热气腾腾，里面是半尺来长的酸面蒸饺，工人蜂拥而上，每人拍拍手掌便抓起饺子来咬，饺子里面露出绿韭菜馅。又有人挑来一桶开水，上面漂着一个瓢，一个个红光满面围着桶舀水吃。这时候又有挑着大葱的小贩赶来兜售那象甘蔗一般粗细的大葱，登时又人手一截，像是饭后进水果一般。上面这两个景象，我久久不能忘，他们都是自食其力的人，心里坦荡荡的，饿来吃饭，取其充腹，管什么吃相！

❋微博在线

　　梁实秋（1903—1987），号均默，原名梁治华，字实秋，笔名子佳、秋郎、程淑等。祖籍浙江杭州，出生于北京。中国著名的散文家、学者、文学批评家、翻译家，国内第一个研究莎士比亚的权威，曾与鲁迅等左翼作家笔战不断。一生给中国文坛留下了两千多万字的文字创作，其散文集创造了中国现代散文著作出版的最高纪录。代表作《雅舍小品》《英国文学史》《莎士比亚全集》。

‖美文共欣赏‖

　　梁实秋的散文小品给人涉猎广泛、信手拾掇的印象，却还算不上吟风弄雅，仅看其题目，诸如《洗澡》《孩子》《敬老》《吃相》《广告》《麻将》《下棋》《理发》之类，便可见近俗近俚。归拢了看，无非把种种人们熟悉的际遇和自迷的状态给略略"曝光"，也像是一面面镜子，虽没有特别庄重的事情让人尴尬，品品人情的微妙、世态的纷纭或者有意无意的小把戏，也是特别的一格，现出"有个性就可爱"。历来小品文章或主风流飘逸，或呈膏腴精巧，或只是平实散淡罢了。梁实秋的散文小品属于后者，且有以幽默来助谈兴的意思，这种风格好像很平淡，是在从容迂缓里包藏了犀利的。响远不在音高，酒好不必醉人，也是这样一个道理。

华瞻的日记（节选）

丰子恺

隔壁二十三号里的郑德菱，这人真好！今天妈妈抱我到门口，我看见她在水门汀上骑竹马。她对我一笑，我分明看出这一笑是叫我去一同骑竹马的意思。我立刻还她一笑，表示我极愿意，就从母亲怀里走下来，和她一同骑竹马了。两人同骑一枝竹马，我想转弯了，她也同意；我想走远一

点，她也欢喜；她说让马儿吃点草，我也高兴；她说把马儿系在冬青上，我也觉得有理。我们真是同志的朋友！兴味正好的时候，妈妈出来拉住我的手，叫我去吃饭。我说："不高兴。"妈妈说："郑德菱也要去吃饭了！"果然郑德菱的哥哥叫着"德菱"也走出来拉住郑德菱的手去了。我只得跟了妈妈进去。当我们将走进各自的门口的时候，她回头向我一看，我也回头向她一看，各自进去，不见了。

我实在无心吃饭。我晓得她一定也无心吃饭。不然，何以分别的时候她不对我笑，而且脸上很不高兴呢？我同她在一块，真是说不出的有趣。吃饭何必急急？即使要吃，尽可在空的时候吃。其实照我想来，像我们这样的同志，天天在一块吃饭，在一块睡觉，多好呢？何必分作两家？即使要分作两家，反正爸爸同郑德菱的爸爸很要好，妈妈也同郑德菱的妈妈常常谈笑，尽可你们大人作一块，我们小孩子作一块，不更好么？

这"家"的分配法，不知是谁定的，真是无理之极了。想来总是大人们弄出来的。大人们的无理，近来我常常感到，不止这一端：那一天爸爸同我到先施公司去，我看见地上放着许多小汽车、小脚踏车，这分明是我们小孩子用的；但是爸爸一定不肯给我拿一部回家，让它许多空摆在那里。回来的时候，我看见许多汽车停在路旁；我要坐，爸爸一定不给我坐，让它们空停在路旁。又有一次，娘姨抱我到街里去，一个捎着许多小花篮的老太婆，口中吹着笛子，手里拿着一只小花篮，向我看，把手中的花篮递给我；然而娘姨一定不要，急忙抱我走开去。这种小花篮，原是小孩子玩的，况且那老太婆明明表示愿意给我，娘姨何以一定叫我不要接呢？娘姨也无理，这大概是爸爸教她的。

我最欢喜郑德菱。她同我站在地上一样高，走路也一样快，心情志趣都完全投合。宝姐姐或郑德菱的哥哥，有些不近情的态度，我看他们不懂。大概是他们身体长大，稍近于大人，所以心情也稍像大人的无理了。宝姐姐常常要说我"痴"。我对爸爸说，要天不下雨，好让郑德菱出来，宝姐姐就用指点着我，说："瞻瞻痴。"怎么叫"痴"？你每天不来同我玩耍，夹了书包到学校里去，难道不是"痴"么？爸爸整天坐在桌子前，在文章格子上一格一格地填字，难道不是"痴"么？天下雨，不能出去玩，不是讨厌的么？我要天不要下雨，正是近情合理的要求。我每天晚快听见你要爸爸开电灯，爸爸给你开了，满房间就明亮，现在我也要爸爸叫天不下雨，爸爸给我做了，晴天岂不也爽快呢？你何以说我"痴"？郑德菱的哥哥虽然没有说我什么，然而我总讨厌他。我们玩耍的时候，他常常板起脸，来拉郑德菱，说"赤了脚到人家家里，不怕难为情！"又说"吃人家的面包，不怕难为情！"立刻拉了她去。"难为情"是大人们惯说的话，大人们常常不怕厌气，端坐在椅子里，点头，弯腰，说什么"请，请""对不起""难为情"一类的无聊的话。他们都有点像大人了！

啊！我很少知己！我很寂寞！母亲常常说我"会哭"，我哪得不哭呢？

✿ 微博在线 ✿

丰子恺（1898—1975），原名丰润。现代散文家、画家、翻译家。其作品有丰富的社会文化蕴涵，尤其善以儿童的眼光来揭示成人世界的本质。在早期散文作品中，他通过对生活细节的描写，表现了他对于人世间虚伪、卑俗、自私的憎恶，读儿童的真诚、纯洁、聪明的赞美，充满清幽玄妙的情趣。后期散文透出强烈爱憎之情，有诙谐俏拔的风格。散文代表作有《缘缘堂随笔》《车厢社会》《教师日记》《帅真集》等。

▍美文共欣赏▍

丰子恺的散文只用平常的字句，务求明白，不喜欢装修粉饰，文字有一种朴讷而又明亮的味道，是典型的随笔体散文。《华瞻的日记》取材于日常生活见闻，反映世态人情。这一类的散文也是丰子恺散文创作的主体部分，能够代表其散文创作的基本特色。是一类描写儿童的挚爱和一颗赤子之心的散文，这是丰子恺20世纪20年代后期创作的中心题材，脍炙人口，融童心和禅趣为一体，既真率自然，又妙趣横生。

那个蠢女孩是我

张爱玲

常有个人在记忆深处躲躲闪闪，待我细想时，那个身影已走远。有一天月光格外皎洁，月光下我终于记起那个曾经很蠢很蠢的女孩儿，那个蠢女孩儿是我。

起初我并不蠢。记得七岁上学时教室很大，稀稀落落地坐着二十多名同学，梳辫子的只有七位。老师看了看那怯生生的"半边天"，先让大一些的琴做了学习委员，却选不出领着同学们在课前唱歌的文艺委员。后来慧眼识珠，发现我嗓门儿挺大人又挺大方，便委任了我。

老师们都很愿意做我们的班主任，理由极简单：学生少，操心事少；女生少，操心事更少。所有的班主任也都说我们班女生最友好，总是和和气气的。她们却忘了，女孩子天生会掩饰。其实，文艺委员与学习委员之间很格格不入呢。

我不知道嫉妒心是何时潜入体内并随着身体一天天长大的，反正我开始嫉妒琴，正像琴一直嫉妒我——我们的成绩太相近了，每次读完考试分数，老师如果表扬女生常常表扬我们俩或者我们中的一位。势均力敌就有了敌意，有了敌意的琴先拉帮结伙，她拉着那五个女生课间高高兴兴地玩儿，放学亲亲热热地走。当我形单影只地待在操场或闷头回家时，恨琴恨得咬牙切齿。

有一天傍晚，我和高年级同学玩跳格子。跳到天黑才想起书包，书包早被锁在教室了。急得团团转时发现教室玻璃刚好坏了一块儿，于是我拨开闩就跳了进去。

拿了书包正要出来，我忽然想到琴，偷着锁门说不定就是她干的，那天她值日。我拿不出书包做不成作业自然要挨老师训，她早就盼着这天呢。旧恨新仇忍无可忍，我想报仇了。一回身看见讲台上有截粉笔头儿，还是给她起个绰号"骂"她一下吧。少年时代起的绰号往往并无道理，想了半天胡乱起了一个。借着教室里最后一点儿微亮写在琴的书桌里。写完了就报了仇，跳出教室就把这事丢在脑后了。

第二天早自习一进门，琴正骂人，看见我音量提高了一倍。我才知道我的报复手段不仅偷偷摸摸不那么光明正大，而且惹了麻烦。最麻烦的不是在学校，琴知道老师要来了便早早住口；最麻烦的是路上，琴用她的骂声对我实行围追堵截，我像灰溜溜的小老鼠，琴成了打鼠英雄。

琴很能骂人，指桑骂槐、破口大骂全会。在她的骂声中，我来不及想自己的愚蠢，原有的嫉妒却变成了完完全全的恨。

五年级时新来了两位女生，其中就有我的表姐，为了考入市重点特地从林区转来重读。加入了新成员，"半边天"不但没多云转晴，反而阴云密布了。表姐的成绩开始遥遥领先，琴很不服气，私下里便说她是重读生。话被传过来，表姐便立场坚定了，女生阵营里从此有了两个帮派，没有战争也虎视眈眈。

我们常在一起挖空心思贬低对方，以示敌弱我强。有一天发现琴"长着满脸横丝肉，一看就不像好东西"，令我们狠狠开心了一阵子，尤其是那常常形容坏人的"横丝肉"替我出了许多怨气。

我们，包括琴，都以为自己很聪明，所作所为理所当然，发布考中学成绩时大家都傻了，老师认为最有希望的几个甚至表姐，都没有考入那所向往已久的重点中学。

也许是因为那次惨败，琴比我们先长大了。有一天陪妈妈逛街，远远看到琴，我早早扭过头去，听见琴问："大娘上街呀？"

妈妈说："嗯。琴你有工夫到我家里玩儿吧。"

"哎。"

我那时混沌未开，等琴走远就问："妈你理她干吗？你不知道我俩不好吗？"

妈妈瞪我一眼："这孩子到底是大两岁懂事了，人家想和好。"

"我才不和她和好呢。"

虽然妈妈开导了半天，我却忘不了琴的那恶骂，几次碰到她探询的目光都以冷眼拒绝了。

多年以后我才慢慢聪明过来：无论在哪儿，无论做什么，我们都会遇到对手。我们太习惯于把对手列为敌人，太习惯于嫉妒甚至诽谤，可是，一个人的真正长大却是从真诚地欣赏对手开始的。

❀微博在线❀

张爱玲（1921—1995），现代著名女作家，小说大家。人类情感的残缺和人生的孤独苍凉是她小说创作的基调。她的性格中聚集了一大堆矛盾：她是一个享乐主义者，又是一个对生活充满悲剧感的人；她是名门之后，却又常常宣称自己是一个自食其力的小市民；她在文章里同读者拉家常，人情练达，但生活中却始终与人保持着一定的距离，不让外人窥测她的内心。这一切似乎都在预示着她后半生的凄凉结局。代表作有散文集《流言》；短篇小说集《传奇》；短篇小说《金锁记》《倾城之恋》；长篇小说《十八春》等。

《那个蠢女孩是我》告诉了我们一个成长的故事和成长付出的代价，没有人可以逃脱这种成长，没有人可以生来便拥有睿智与理性的头脑，然而重要的是我们要不断地回望来路，对过去作出客观的评价，并在这种回顾中纠正自我、完善自我。短文虽短，对成长的思索却意味深长。我想，真正的愚蠢并非错误本身，而是缺乏审视错误、自我批评的勇气，从这一点来说，主人公"我"已告别了"愚蠢"，并为我们提供了一个有益的前车之鉴。

想北平

老舍

设若让我写一本小说，以北平作背景，我不至于害怕，因为我可以拣着我知道的写，而躲开我所不知道的。让我单摆浮搁的讲一套北平，我没办法。北平的地方那么大，事情那么多，我知道的真觉太少了，虽然我生在那里，一直到廿七岁才离开。以名胜说，我没到过陶然亭，这多可笑！以此类推，我所知道的那点只是"我的北平"，而我的北平大概等于牛的一毛。

可是，我真爱北平。这个爱几乎是要说而说不出的。我爱我的母亲。怎样爱？我说不出。在我想做一件事讨她老人家喜欢的时候，我独自微微的笑着；在我想到她的健康而不放心的时候，我欲落泪。语言是不够表现我的心情的，只有独自微笑或落泪才足以把内心揭露在外面一些来。我之爱北平也近乎这个。夸奖这个古城的某一点是容易的，可是那就把北平看得太小了。我所爱的北平不是枝枝节节的一些什么，而是整个儿与我的心灵相粘合的一段历史，一大块地方，多少风景名胜，从雨后什刹海的蜻蜓一直到我梦里的玉泉山的塔影，都积凑到一块，每一小的事件中有个我，我的每一思念中有个北平，这只有说不出而已。

真愿成为诗人，把一切好听好看的字都浸在自己的心血里，像杜鹃似的啼出北平的俊伟。啊！我不是诗人！我将永远道不出我的爱，一种像由音乐与图画所引起的爱。这不但辜负了北平，也对不住我自己，因为我的最初的知识与印象都得自北平，它是在我的血里，我的性格与脾气里有许多地方是这古城所赐给的。我不能爱上海与天津，因为我心中有个北平。可是我说不出来！

伦敦，巴黎，罗马与堪司坦丁堡，曾被称为欧洲的四大"历史的都城"。我知道一些伦敦的情形；巴黎与罗马只是到过而已；堪司坦丁堡根本没有去过。就伦敦，巴黎，罗马来说，巴黎更近似北平——虽然"近似"两字要拉扯得很远——不过，假使让我"家住巴黎"，我一定会和没有家一样的感到寂苦。巴黎，据我看，还太热闹。自然，那里也有空旷静寂的地方，可是又未免太旷；不像北平那样既复杂而又有个边际，使我能摸着——那长着红酸枣的老城墙！面向着积水潭，背后是城墙，坐在石上看水中的小蝌蚪或苇叶上的嫩蜻蜓，我可以快乐的坐一天，心中完全安适，无所求也无可怕，像小儿安睡在摇篮里。是的，北平也有热闹的地方，但是它和太极拳相似，动中有静。巴黎有许多地方使人疲乏，所以咖啡与酒是必要的，以便刺激；在北平，有温和的香片茶就够了。

论说巴黎的布置已比伦敦罗马匀调的多了，可是比上北平还差点事儿。北平在人为之中显出自然，几乎是什么地方既不挤得慌，又不太僻静：最小的胡同里的房子也有院子与树；最空旷的地方也离买卖街与住宅区不远。这种分配法可以算——在我的经验中——天下第一了。北平的好处不在处处设备得完全，而在它处处有空儿，可以使人自由的喘气；不在有好些美丽的建筑，而在建筑的四周都有空闲的地方，使它们成为美景。每一个城楼，每一个牌楼，都可以从老远就看见。况且在街上还可以看见北山与西山呢！

好学的，爱古物的，人们自然喜欢北平，因为这里书多古物多。我不好学，也没钱买古物。对于物质上，我却喜爱北平的花多菜多果子多。花草是种费钱的玩艺，可是此地的"草花儿"很便宜，而且家家有院子，可以花不多的钱而种一院子花，即使算不了什么，可是到底可爱呀。墙上的牵牛，墙根的靠山竹与草茉莉，是多么省钱省事而也足以招来蝴蝶呀！至于青菜，白菜，扁豆，毛豆角，黄瓜，菠菜等，大多数是直接由城外担来而送到家门口的。雨后，韭菜叶上还往往带着雨时溅起的泥点。青菜摊子上的红红绿绿几乎有诗似的美丽。果子有不少是由西山与北山来的，西山的沙果，海棠，北山的黑枣，柿子，进了城还带着一层白霜儿呀！哼，美国的橘子包着纸；遇到北平的带霜儿的玉李，还不愧杀！

是的，北平是个都城，而能有好多自己产生的花、菜、水果，这就使人更接近了自然。从它里面说，它没有像伦敦的那些成天冒烟的工厂；从外面说，它紧连着园林、菜圃与农村。采菊东篱下，在这里，确是可以悠然见南山的；大概把"南"字变个"西"或"北"，也没有多少了不得的吧。像我这样的一个贫寒的人，或者只有在北平能享受一点清福了。

好，不再说了吧；要落泪了，真想念北平呀！

最后一句有一层更深的含义。这篇散文写于 1936 年，作者当时不在北京。那时日本帝国主义已经加紧了对中国的侵略，丧权辱国的"何梅协定"的签订，适应日本侵略需要的"冀察政务委员会"的成立，都说明华北危急，北京危急。作者作为一个热爱北京的爱国知识分子忧心如焚，思念家乡之情，较平日更为强烈，这一声呼唤，充满了民族忧患意识，震人心弦。

微博在线

老舍（1899—1966），原名舒庆春，字舍予。中国现代著名小说家、文学家、戏剧家，是新中国第一位获得"人民艺术家"称号的作家。小说代表作有长篇《老张的哲学》《赵子曰》《二马》《猫城记》《离婚》《牛天赐传》《骆驼祥子》《四世同堂》等；短篇《月牙儿》《断魂枪》等。

美文共欣赏

《想北平》是一篇散文，在一篇短短的散文作品中如何表现北平，老舍觉得很难："北平那么大，事情那么多"，都写什么？他又不愿"拣着我知道的写，而躲开我所不知道的"，更怕挂一漏万，埋没了北平的种种好处。如果只是机械地罗列平铺直叙写成一篇北京地方风光的指南就更没有味道了，因此，老舍决定写出"我的北平"，把对北平的感情上升到爱母亲的地位，他抛开一切美好的词语，用最通俗质朴的言辞，用最能引人共鸣的表达方式，通过与巴黎等城市的比较突出北平的特点，表明北平与老舍是"你"中有"我"，"我"中有"你"，融为一体的关系，表达"我的每一思念中有个北平"。

《想北平》的语言通俗、纯净而又简洁、亲切。通白是为了加强作品的生活气息，使它亲切感人，也是锤炼语言的结果。作者曾说："我的文章写得那样白，那样俗，好象毫不费力，实际上，那不定改了多少遍。"（《关于文学的语言问题》）纯净、简洁同样也千锤百炼。比如文章写到积水滩："面向着积水滩，背后是城墙，坐在石上看水中的小蝌蚪或苇叶上的嫩蜻蜓，我可以快乐的坐一天，心中完全安适，无所求也无可怕，像小儿安睡在摇篮里。"短短几句，文字不多，但写景、状物，营造气氛，表现有物情感，都笔笔到位，如同天成。

老猫（节选）

季羡林

老猫虎子蜷曲在玻璃窗外窗台上一个角落里，缩着脖子，眯着眼睛，浑身一片寂寞、凄清、孤独、无助的神情。

外面正下着小雨，雨丝一缕一缕地向下飘落，像是珍珠帘子。时令虽已是初秋，但是隔着雨帘，还能看到紧靠窗子的小土山上丛草依然碧绿，毫无要变黄的样子。在万绿丛中赫然露出一朵鲜艳的红花。古诗"万绿丛中一点红"，大概就是这般光景吧。这一朵小花如火似燃，照亮了浑茫的雨天。

我从小就喜爱小动物。同小动物在一起，别有一番滋味。它们天真无邪，率性而行；有吃抢吃，有喝抢喝；不会说谎，不会推诿；受到惩罚，忍痛挨打；一转眼间，照偷不误。同它们在一起，我心里感到怡然，坦然，安然，欣然；不像同人在一起那样，应对进退、谨小慎微，斟酌词句、保持距离，感到异常地别扭。

十四年前，我养的第一只猫，就是这个虎子。刚到我家来的时候，比老鼠大不了多少。蜷曲在窄狭的室内窗台上，活动的空间好像富富有余。它并没有什么特点，仅只是一只最平常的狸猫，身上有虎皮斑纹，颜色不黑不黄，并不美观。但是异于常猫的地方也有，它有两只炯炯有神的眼睛，两眼一睁，还真虎虎有虎气，因此起名叫虎子。它脾气也确实暴烈如虎。它从来不怕任何人。谁要想打它，不管是用鸡毛掸子，还是用竹竿，它从不回避，而是向前进攻，声色俱厉。得罪过它的人，它永世不忘。我的外孙打过一次，从此结仇。只要他到我家来，隔着玻璃窗子，一见人影，它就做好准备，向前进攻，爪牙并举，吼声震耳。他没有办法，在家中走动，都要手持竹竿，以防万一，否则寸步难行。有一次，一位老同志来看我，他显然是非常喜欢猫的。一见虎子，嘴里连声说着："我身上有猫味，猫不会咬我的。"他伸手想去抚摩它，可万万没有想到，我们虎子不懂什么猫味，回头就是一口。这位老同志大惊失色。总之，到了后来，虎子无人不咬，只有我们家三个主人除外，它的"咬声"颇能耸人听闻了。

但是，要说这就是虎子的全面，那也是不正确的。除了暴烈咬人以外，它还有另外一面，这就是温柔敦厚的一面。我举一个小例子。虎子来我们家以后的第三年，我又要了一只小猫。这是一只混种的波斯猫，浑身雪白，毛很长，但在额头上有一小片黑黄相间的花纹。我们家人管这只猫叫洋猫，起名咪咪；虎子则被尊为土猫。这只猫的脾气同虎子完全相反：胆小、怕人，从来没有咬过人。只有在外面跑的时候，才露出一点儿野性。它只要有机会溜出大门，但见它长毛尾巴一摆，像一溜烟似的立即窜入小山的树丛中，半天不回家。这两只猫并没有血缘关系。但是，不知道是由于什么原因，一进门，虎子就把咪咪看做自己的亲生女儿。它自己本来没有什么奶，却坚决要给咪咪喂奶，把咪咪搂在怀里，让它咂自己的干奶头，它眯着眼睛，仿佛在享着天福。我在吃饭的时候，有时丢点儿鸡骨头、鱼刺，这等于猫们的燕窝、鱼翅。但是，虎子却只蹲在旁边，瞅着咪咪一只猫吃，从来不同它争食。有时还"咪噢"上两声，好像是在说："吃吧，孩子！安安静静地吃吧！"有时候，不管是春夏还是秋冬，虎子会从西边的小山上逮一些小动物，麻雀、蚱蜢、蝉、蛐蛐之类，用嘴叼着，蹲在家门口，嘴里发出一种怪声。这是猫语，屋里的咪咪，不管是睡还是醒，耸耳一听，立即跑到门后，馋涎欲滴，等着吃母亲带来的佳肴，大快朵颐。我们家人看到这样母子亲爱的情景，都由衷地感动，一致把虎子称做"义猫"。有一年，小咪咪生了两只小猫。大概是初做母亲，没有经验，正如我们圣人所说的那样："未有学养子而后嫁者也"，人们能很快学会，而猫们则不行。咪咪丢下小猫不管，虎子却大忙特忙起来，觉不睡，饭不吃，日日夜夜把小猫搂在怀里。但小猫是要吃奶的，而奶正是虎子所缺的。于是小猫暴躁不安，虎子眉头一皱，计上心来，叼起小猫，到处追着咪咪，要它给小猫喂奶。还真像一个姥姥样子，但是小咪咪并不领情，依旧不给小猫喂奶。有几天的时间，虎子不吃不喝，瞪着两只闪闪发光的眼睛，嘴里叼着小猫，从这屋赶到那屋；一转眼又赶了回来。小猫大概真是受不了啦，便辞别了这个世界。

我看了这一出猫家庭里的悲剧又是喜剧，实在是爱莫能助，惋惜了很久。

微博在线

季羡林（1911—2009），山东临清人，字希逋，又字齐奘。中国著名文学家、语言学家、教育家和社会活动家，翻译家，散文家，精通12国语言。曾历任中国科学院哲学社会科学部委员、北京大学副校长、中国社科院南亚研究所所长。散文随笔主要有《清塘荷韵》《赋得永久的悔》《留德十年》《万泉集》《清华园日记》《牛棚杂忆》《朗润园随笔》《季羡林散文选集》《泰戈尔名作欣赏》《人生絮语》《天竺心影》《季羡林谈读书治学》《季羡林谈师友》《季羡林谈人生》《病榻杂记》《忆往述怀》等。

美文共欣赏

作者用最平实的文字表达出最真诚的情感。可见写作不求华丽辞藻，但求真诚表达，只有贯穿真情实感，才能写出好文章。

跑警报① （节选）

汪曾祺

　　警报有三种。预行警报大概是表示日本飞机已经起飞。拉空袭警报大概是表示日本飞机进入云南省境了，但是进云南省不一定到昆明来。等到汽笛拉了紧急警报：连续短音，这才可以肯定是朝昆明来的。空袭警报到紧急警报之间，有时要间隔很长时间，所以到了这里的人都不忙下沟——沟里没有太阳，而且过早地像云冈石佛似的坐在洞里也很无聊，大都先在沟上看书、闲聊、打桥牌。很多人听到紧急警报还不动，因为紧急警报后日本飞机也不定准来，常常是折飞到别处去了。要一直等到看见飞机的影子了，这才一骨碌站起来，下沟，进洞。联大的学生，以及住在昆明的人，对跑警报太有经验了，从来不仓皇失措。

　　上举的前一副对联或许是一种泛泛的感慨，但也是有现实意义的。跑警报是谈恋爱的机会。联大同学跑警报时，成双作对的很多。空袭警报一响，男的就在新校舍的路边等着，有时还提着一袋点心吃食，宝珠梨、花生米……他等的女同学来了，"嗨！"于是欣然并肩走出新校舍的后门。跑警报说不上是同生死，共患难，但隐隐约约有那么一点危险感，和看电影、遛翠湖时不同。这一点危险感使两方的关系更加亲近了。女同学乐于有人伺候，男同学也正好殷勤照顾，表现一点骑士风度。正如孙悟空在高老庄所说："一来医得眼好，二来又照顾了郎中，这是凑四合六的买卖。"从这点来说，跑警报是颇为罗曼蒂克的。有恋爱，就有三角，有失恋。跑警报的"对儿"并非总是固定的，有时一方被另一方"甩"了，两人"吹"了，"对儿"就要重新组合。写（姑且叫做"写"吧）那副对联的，大概就是一位被"甩"的男同学。不过，也不一定。

　　警报时间有时很长，长达两三小时，也很"腻歪"。紧急警报后，日本飞机轰炸已毕，人们就轻松下来。不一会，"解除警报"响了：汽笛拉长音，大家就起身拍拍尘土，络绎不绝地返回市里。也有时不等解除警报，很多人就往回走：天上起了乌云，要下雨了。一下雨，日本飞机不会来。在野地里被雨淋湿，可不是事！一有雨，我们有一个同学一定是一马当先往回奔，就是前面所说那位报告预行警报的姓侯的。他奔回新校舍，到各个宿舍搜罗了很多雨伞，放在新校舍的后门外，见有女同学来，就递过一把。他怕这些女同学挨淋。这位侯同学长得五大三粗，却有一副贾宝玉的心肠。大概是上了吴雨僧先生的《红楼梦》的课，受了影响。侯兄送伞，已成定例。警报下雨，一次不落。名闻全校，贵在有恒。——这些伞，等雨住后他还会到南院女生宿舍去敛回来，

再归还原主的。

　　跑警报，大都要把一点值钱的东西带在身边。最方便的是金子——金戒指。有一位哲学系的研究生曾经作了这样的逻辑推理：有人带金子，必有人会丢掉金子，有人丢金子，就会有人捡到金子，我是人，故我可以捡到金子。因此，他跑警报时，特别是解除警报以后，他每次都很留心地巡视路面。他当真两次捡到过金戒指！逻辑推理有此妙用，大概是教逻辑学的金岳霖先生所未料到的。

　　联大师生跑警报时没有什么可带，因为身无长物，一般大都是带两本书或一册论文的草稿。有一位研究印度哲学的金先生每次跑警报总要提了一只很小的手提箱。箱子里不是什么别的东西，是一个女朋友写给他的信——情书。他把这些情书视如性命，有时也会拿出一两封来给别人看。没有什么不能看的，因为没有卿卿我我的肉麻的话，只是一个聪明女人对生活的感受，文字很俏皮，充满了英国式的机智，是一些很漂亮的 Essay，字也很秀气。这些信实在是可以拿来出版的。金先生辛辛苦苦地保存了多年，现在大概也不知去向了，可惜。我看过这个女人的照片，人长得就像她写的那些信。

　　联大同学也有不跑警报的，据我所知，就有两人。一个是女同学，姓罗。一有警报，她就洗头。别人都走了，锅炉房的热水没人用，她可以敞开来洗，要多少水有多少水！另一个是一位广东同学，姓郑。他爱吃莲子。一有警报，他就用一个大漱口缸到锅炉火口上去煮莲子。警报解除了，他的莲子也烂了。有一次日本飞机炸了联大，昆明北院、南院，都落了炸弹，这位郑老兄听着炸弹乒乒乓乓在不远的地方爆炸，依然在新校舍大图书馆旁的锅炉上神色不动地搅和他的冰糖莲子。

　　抗战期间，昆明有过多少次警报，日本飞机来过多少次，无法统计。自然也死了一些人，毁了一些房屋。就我的记忆，大东门外，有一次日本飞机机枪扫射，田地里死的人较多。大西门外小树林里曾炸死了好几匹驮木柴的马。此外似无较大伤亡。警报、轰炸，并没有使人产生血肉横飞，一片焦土的印象。

　　日本人派飞机来轰炸昆明，其实没有什么实际的军事意义，用意不过是吓唬吓唬昆明人，施加威胁，使人产生恐惧。他们不知道中国人的心理是有很大的弹性的，不那么容易被吓得魂不附体。我们这个民族，长期以来，生于忧患，已经很"皮实"了，对于任何猝然而来的灾难，都用一种"儒道互补"的精神对待之。这种"儒道互补"的真髓，即"不在乎"。这种"不在乎"精神，是永远征不服的。

　　为了反映"不在乎"，作《跑警报》。

一九八四年十二月六日

难词逐个解

① 文章背景是抗战时期的昆明，由于华北地区的沦陷，北大、清华、南开三校合并而成的西南联合大学就在昆明继续进行教学和科研工作。但日本的军事力量已经深入西南重镇——昆明，经常派出飞机对昆明进行轰炸，所以空袭警报在昆明城来说已经是习以为常的声音。为了躲避轰炸，每当拉响警报的时候，昆明全城的人就往城外转移，学生们也不例外，大家把这称做"跑警报"。

微博在线

汪曾祺（1920—1997），江苏高邮人，是我国当代文学史上著名的作家、散文家、戏剧家，京派作家的代表人物。早年毕业于西南联大，历任中学教师、北京市文联干部、《北京文艺》编辑、北京京剧院编辑。在短篇小说创作上颇有成就。著有小说集《邂逅集》，小说《受戒》《大淖记事》，散文集《蒲桥集》，大部分作品收录在《汪曾祺全集》中。被誉为"抒情的人道主义者，中国最后一个纯粹的文人，中国最后一个士大夫"。

美文共欣赏

这是一篇回忆性的散文，作者以风趣的笔法戏谑的语言记叙了当年西南联大里的一个重要的日常生活组成部分——跑警报。

这篇文章中，作者记叙了不少在"跑警报"中给人留下深刻印象的人物，有能感知警报的侯姓同学，提着手提箱跑警报的金先生，也有不跑警报留在学校洗头和煮莲子的同学。作者还记叙了不少在"跑警报"中出现的有意思的事，跑警报时变成热闹集市的古驿道，如若下雨侯姓同学必会拿伞在校门口等候，将伞借给女同学，以及跑警报时留下的经典的对联……

在作者的笔下，原本紧张的躲避空袭成了一件很平常甚至还带有一些乐趣的事情——跑警报。作者以仔细的观察，细腻的笔法去描述每一件发生在身边的趣事，并把它们放大，反映了中国人民乐观的态度。

夜航船（节选）

余秋雨

我的书架上有一部明代文学家张岱的《夜航船》。这是一部许多学人查访终身而不得的书，新近根据宁波天一阁所藏抄本印出。书很厚，书脊显豁，插在书架上十分醒目。文学界的朋友来寒舍时，常常误认为是一部新出的长篇小说。这部明代小百科的书名确实太有意思了，连我自己巡睃书架时也常常会让目光在那里顿一顿，耳边响起欸乃的橹声。

夜航船，历来是中国南方水乡苦途长旅的象征。我的家乡山岭丛集，十分闭塞，却有一条河流悄然穿入。每天深夜，总能听到笃笃笃的声音从河畔传来，这是夜航船来了，船夫看到岸边屋舍，就用木棍敲着船帮，召唤着准备远行的客人。山民们夜夜听到这个声音，习以为常，但终于，也许是身边的日子实在混不下去了，也许是憨拙的头脑中突然卷起了幻想的波澜，这笃笃笃的声音产生了莫大的诱惑。不知是哪一天，他们吃过一顿稍稍丰盛的晚餐，早早地收拾好简薄的行囊，与妻儿们一起坐在闪烁的油灯下等候这笃笃声。

当敲击船帮的声音终于响起时，年幼的儿子们早已歪歪扭扭地睡熟，山民粗粗糙糙地挨个儿摸了一下他们的头，随即用拳头擦了擦眼角，快步走出屋外。蓬头散发的妻子提着包袱跟在后面，没有一句话。

外出的山民很少有回来的。有的妻子，实在无以为生了，就在丈夫上船的河滩上，抱着儿子投了水。这种事一般发生在黑夜，惨淡的月光照了一下河中的涟漪，很快什么也没有了。过不了多久，夜航船又来了，依然是笃笃笃、笃笃笃，慢慢驶过。

偶尔也有些叫人羡慕的信息传来。乡间竟出现了远途而来的老邮差，手中拿着一封夹着汇票的信。于是，这家人家的木门槛在几天内就会跨进无数双泥脚。夜间，夜航船的敲击声更其响亮了，许多山民开始失眠。

几张汇票使得乡间有了私塾。一些幸运的孩子开始跟着一位外乡来的冬烘先生大声念书。进私塾的孩子有时也会被笃笃声惊醒，翻了一个身，侧耳静听。这声音，与山腰破庙里的木鱼声太像了，那是祖母们向往的声音。

一个坐夜航船到上海去谋生的人突然成了暴发户。他回乡重修宅院，为了防范匪盗，在宅院四周挖了河，筑一座小桥开通门户。宅院东侧的河边，专修一个船码头，夜航船每晚要在那里停靠，他们家的人员货物往来多得很。夜航船专为他们辟了一个精雅小舱，经常有人从平展展的青石阶梯上下来，几个用人挑着足够半月之用的食物上船。有时，用人手上还会提着一捆书，这在乡间

是稀罕之物。山民们傻想着小舱内酒足饭饱、展卷卧读的神仙日子。

船老大也渐渐气派起来。我家邻村就有一个开夜航船的船老大，早已成为全村艳羡的角色。过去，坐他船的大多是私盐贩子，因此航船经常要在沿途受到缉查。缉查到了，私盐贩子总被捆绑起来，去承受一种叫做"趱杠①"的酷刑。这种酷刑常常使私盐贩子一命呜呼。船老大也会被看成是同伙，虽不做"趱杠"，却要吊打。现在，缉查人员拦住夜航船，见到的常常是神态高傲的殷富文士，只好点头哈腰连忙放行。船老大也就以利言相讥，出一口积压多年的鸟气。

每次船老大回村，总是背着那支大橹。航船的橹背走了，别人也就无法偷走那条船。这支橹，就像现今小汽车上的钥匙。船老大再劳累，背橹进村时总把腰挺得直直的，摆足了一副凯旋的架势。放下橹，草草洗过脸，就开始喝酒。灯光亮堂，并不关门，让亮光照彻全村。从别的码头顺带捎来的下酒菜，每每引得乡人垂涎欲滴。连灌数盅后他开始讲话，内容不离这次航行的船客，谈他们的风雅和富有。

好多年前，我是被夜航船的笃笃声惊醒的孩子中的一个。如果是夏夜，我会起身，攀着窗沿去看河中那艘扁黑的船，它走得很慢，却总是在走，听大人说，明天傍晚就可走到县城。县城准是大地方，河更宽了，船更多了，一条条晶亮晶亮的水路，再也没有泥淖和杂藻，再也没有土岸和残埠，直直地通向天际。

第二天醒来，急急赶到船老大家，去抚摩那支大橹。大橹上过桐油，天天被水冲洗，非常干净。当时私塾已变成小学，学校的老师都是坐着航船来的，学生读完书也要坐着航船出去。整个学校，就像一个船码头。

橹声欸乃，日日夜夜，山村流动起来了。

夜航船，山村孩子心中的船，破残的农村求援的船，青年冒险家下赌注的船，文化细流浚通的船。

船头画着两只大大的虎眼，犁破狭小的河道，溅起泼剌剌的水声。

※ 难词逐个解 ※

① 趱杠：就是用棍子压肚子的刑罚，一般用于男子。让犯人平躺在地，衙役把棍子放在犯人肚子上，犯人两边一边一人往下踩，轻者痛得撕心裂肺，重者压出肠子。

※ 微博在线 ※

余秋雨，现为中国文化史学者，文学家，散文家，作家，我国当代著名艺术理论家，国务院新闻办《中国网》专栏作家、专家。1968 年，他毕业于上海戏剧学院戏剧文学系。历任上海戏剧学院院长、教授，上海剧协副主席。1962 年开始发表作品。1991 年加入中国作家协会。著有系列散文集《文化苦旅》《山居笔记》《霜冷长河》《千年一叹》《行者无疆》《摩挲大地》《寻觅中华》等，文化通史《问学余秋雨》和长篇记忆文学《借我一生》《我等不到了》等，学术专著有《戏剧理论史稿》《戏剧审美心理学》《中国戏剧文化史述》《艺术创造工程》《中国戏剧史》《艺术创造论》《观众心理学》等。在海内外出版过史论专著多部，曾被授予"国家级突出贡献专家""上海市十大高教精英"等荣誉称号。2010 年，余秋雨出任澳门科技大学人文艺术学院院长。他的名字载入英国剑桥《世界名人录》。

美文共欣赏

　　余秋雨的散文有深厚的文化底蕴，思接千载，有天马行空的联想。一方面气势磅礴，潇洒自然，一气呵成，让读者也随着他的情绪时而崇拜、向往自然，时而对历史深沉愤慨；另一方面，他一唱三叹，一步一回首，低沉的调子，悲怆的氛围，一次次让我们去思考历史、自然、人生。作为一个文化意识较强，颇具历史感的散文作家，尽管行走匆匆，却常能俯仰古今，见微知著，从尘封的史料和那平淡无奇的山水中挖掘出深厚的内涵，进而做到历史与现实相沟通，哲理与形象相交融。在目前文坛泥沙俱下、日益堪忧的情况下，余秋雨独树一帜的写作风格，开辟了散文新文风。

到山中去

张晓风

德：

　　从山里回来已经两天了，但不知怎的，总觉得满身仍有拂不掉的山之气息。行坐之间，恍惚以为自己就是山上的一块石头，溪边的一棵树。见到人，再也想不起什么客套词令，只是痴痴傻傻地重复一句话："你到山里头去过吗？"

　　那天你不能去，真是可惜的。你那么忙，我向来不敢用不急之务打扰你。但这次我忍不住要写信给你。德，人不到山里去，不到水里去，那真是活得冤枉。

说起来也够惭愧了，在外双溪住了五年多，从来就不知道内双溪是什么样子。春天里曾沿着公路走了半点钟，看到山径曲折，野花漫开，就自以为到了内双溪。直到前些天，有朋友到那边漫游归来，我才知道原来山的那边还有山。

平常因为学校在山脚下，宿舍在山腰上，推开窗子，满眼都是起伏的青峦，衬着窗框，俨然就是一卷横幅山水，所以逢到朋友邀我出游，我总是推辞。有时还爱和人抬杠道："何必呢？余胸中自有丘壑。"而这次，我是太累了、太倦了，也太厌了，一种说不出的情绪鼓动着，告诉我在山那边有一种神秘的力量，我于是换了一身绿色轻装，跐上一双绿色软鞋，掷开终年不离手的红笔，跨上一辆跑车，和朋友相偕而去。——我一向喜欢绿色，你是知道的，但那天特别喜欢，似乎觉得那颜色让我更接近自然，更融入自然。

德，人间有许多道理，实在是讲不清的。譬如说吧，山山都是石头，都有树木，都有溪流。但，它们是不同的，就像我们人和人不同一样。这些年来，在山这边住这么久，每天看朝云，看晚霞，看晴阴变化，自以为很了解山了，及至到了山那边，才发现那又是另一种气象，另一种意境。其实，严格地说，常被人践踏观赏的山已经算不得什么山。如果不幸成为名山，被那些无聊的人盖了些亭阁楼台，题了些诗文字画，甚至起了观光旅社，那些但不成其为山，也不能成其为地了。德，你懂了我吗？内双溪一切的优美，全在那一片未凿的天真。让你想到，它现在的形貌和伊甸园时代是完全一样的。我真愿做那样一座山，那样沉郁，那样古朴，那样深邃。德，你愿意吗？

我真希望你看到我，碰见我的人都说我那天快活极了，我怎能不快活呢？我想起了前些年，戴唱给我们听的一首英文歌，那歌词说："我的父亲极其富有，全世界在他权下，我是他的孩子——我掌管平原山野。"德，这真是最快乐的事了——我无法表达我所感受的。我们照了好些相片，以后我会拿给你看，你就可以明白了。唉，其实照片又何尝照得出所以然来，暗箱里容得下风声水响吗？镜头中摄得出草气花香吗？爱默生说，大自然是一件从来没有被描写过的事物。可是，那又怎能算是人们的过失呢？用人的思想去比配上帝的思

想，用人工去摹拟天工，那岂不是近乎荒谬的吗？

这些日子应该已是初冬了，但那宁静温和的早晨，淡淡地像溶液般四面包围着我们的阳光，只让人想到最柔美的春天，我们的车沿着山路而上，洪水在我们的右方奔腾着，森然的峦石垒叠着。我从没有见过这样急湍的流水和这样巨大的石块。而芦苇又一大片一大片地杂生在小径溪旁。人行到此，只见渊中的水声澎湃，雪白的浪花绽开在黑色的岩石上。那种苍凉的古意四面袭来，心中便无缘无故地伤乱起来。回头看游伴，他们也都怔住了，我真了解什么叫"摄人心魄"了。

"是不是人类看到这种景致，"我悄声问矛，"就会想到自杀呢？"

"是吧，可是不叫自杀——我也说不出来。那时候，我站在长城上，四野苍茫，心头就不知怎的乱撞起来，那时只有一个想法，就是跳下去。"

我无语痴立，一种无形的悲凉在胸臆间上下摇晃。漫野芦草凄然地白着，水声低晃而怆绝。而山溪却依然急奔着。啊，逝者如斯，如斯逝者，为什么它不能稍一回顾呢。

扶车再行，两侧全是壁立的山峰，那样秀拔的气象似乎只能在前人的山水画中一见。远远地有人在山上敲着石头，那单调无变化的金石声传来，令我怃然而惊。有人告诉我，他们是要开一段梯田。我望着那些人，他们究竟知不知道外面的世界呢？当我们快要被紧张和忙碌扼死的时候，当宽坦的街市上树立着被速度造成的伤亡牌，为什么他们独有那样悠闲的岁月，用最原始的凿子，在无人的山间，敲打出最迟缓的时钟？他们似乎也望了望这边，那么，究竟是他们羡慕我们，还是我们羡慕他们呢？

峰回路转，坡度更陡了，推车而上，十分吃力，行到水源地，把车子寄放在一家人门前，继续前行。阳光更浓了，山景益发清晰，一切气味也都被蒸发出来。稻香扑人，真有点醺然欲醉的味儿。这时候，只恨自己未能着一身宽袍，好兜两袖素馨回去。路旁更有许多叫得出来和叫不出来的野花，也都晒干了一身的露水而抬起头来了。在别人看得见和看不见的山径上挥散着它们的美。

渐渐地，我们更接近终点。我向几个在禾场上游戏的孩子问路，立刻有一个浓眉大眼的男孩挺身而出。我想问他瀑布在什么地方，却又不知道闽南话要怎样表达，那孩子用狡黠的眼光望了望我。"水墙，是吗？我带你去。"啊，德，好美的名词，水墙。我把这名词翻译出来，大家都赞叹了一遍。那孩子在前面走着，我们很困难地跟着他跑，又跟着他步过小河。他停下来，望望我们，一面指着路边的野花蓓蕾对我们说："它还没开，要是开了，你真不知有多漂亮。"我点头承认——我相信，山中一切的美都超过想象。德，你信吗？

我又和那孩子谈了几句话，知道他已经小学五年级了。"你毕业以后要升初中吗？"他回过头来，把正在嚼的草根往路边一扔，大眼中流露出一种不屑的神情："不！"德，你真不知道，当时我有多羞愧。只自觉以往所看的一切书本、一切笔记、一切讲义，都在他的那声"不"中被否认了。德，我们读书干什么呢？究竟干什么呢？我们多少时候连生活是什么都忘了呢！

我们终于到了"水墙"了。德，那一霎只是想哭，那种兴奋，是我没有经历过的。人真该到田园中去，因为我们的老祖宗原来是从那里被赶出来的！啊，德，如果你看到那样宽、那样长、那样壮观的瀑布，你真是什么也不想了，我那天就是那样站着，只觉得要大声唱几句，震撼一下那已经震撼了我的山谷。我想起一首我们都极喜欢的黑人歌："我的财产放置在一个地方，一个地方，远远地在青天之上。"德，真的，直到那天我才忽然憬悟到，我有那样多的美好的产业。像清风明月，像山松野草。我要把它们寄放在溪谷内，我要把它们珍藏在云层上，我要把它们怀抱在深心中。

德，即使当时你胸中折叠着一千丈的愁烦，及至你站在瀑布面前，也会一泻而尽了。甚至你会觉得惊奇，何以你常常会被一句话骚扰。何以常常因一个眼色而气愤。德，这一切都是多余的，都是不必要的。你会感到压在你肩上的重担卸下去了，蒙在你眼睛上的鳞片也脱落下来了。那时候，如果还有什么欲望的话，只是想把水面上的落叶聚拢来，编成一个小筏子，让自己躺在上面，浮槎放海而去。

那时候，德，你真不知我们变得有多疯狂。我和达赤着足在石块与石块之间跳跃着。偶尔苔滑，跌在水里，把裙边全弄湿了，那真叫淋漓尽兴呢！山风把我们的头发梳成一种脱俗的形式，我们不禁相望大笑。哎，德，那种快乐真是说不出来——如果说得出来也没有人肯信。

……

德，你愿意附和我吗？今天又是一个晴天呢！风声在云外呼唤着，远山也在送青了。德，拨开你一桌的资料卡，拭净你尘封的眼镜片，让我们到山中去！

微博在线

张晓风，笔名有晓风、桑科、可叵，第三代散文家中的名家，1941年出生于浙江金华，江苏铜山人。八岁后赴台湾，毕业于台湾东吴大学，并曾执教于该校及香港浸会学院，任台湾阳明医学院教授。她笃信宗教，喜爱创作。小说、散文及戏剧著作有三四十种，并曾一版再版，并译成各种文字。60年代中期即以散文成名，1977年其作品被列入《台湾十大散文家选集》。

文中作者向一个小男孩问到瀑布的路怎么走，但不知道"瀑布"用闽南话怎么讲，小男孩却很聪明地理解了她的意思，问道："是'水墙'吗?"，作者当时很惊讶于"水墙"这个好听的名字，之后便是对瀑布的描写。张晓风的行文善用知性来提升感性，视野上亦将小我拓展至大我。她有一双透视平常的慧眼，将琐碎平凡的生活，品出美丽、典雅、温柔。她的作品中既有慨叹人生的虚无缥缈，亦不沉溺于文字的晦涩，其字里行间自有一股索然不磨的英伟之气、侠士之风，而又不乏女子雅致、凄婉的纤细柔情。

中华世纪坛赋

魏明伦

朗朗乾坤，堂堂中华。高龄五千岁，繁衍百亿人。铁肩挑五岳，巨手开三峡。腰环万里长城，脚跨九曲黄河。高擎文明圣火，穿越世纪风云。火熊熊薪传百代，光灿灿彪炳千秋。

浩瀚青史，概括于坛内；辉煌文化，浓缩于眼前。徐行三百米平坦甬道，遥想五千年坎坷长途。论英雄不计成败，数风流可鉴兴亡。浪淘何物？劝归谁家？文化乃长青树，科学乃聚宝盆。创造人间福址，推动历史车轮。

驶至近代，国难当头。百年忧患，敌忾同仇。聚散沙成铁塔，变弱者为健儿。东方巨人如睡狮惊醒，民族魂魄化火凤涅槃。挽狂澜于既倒，建广厦于废墟。转国运蒸蒸日上，升国旗冉冉凌空。

登坛瞭望，乾旋坤定。天行健，地包容。前可见古人，后可见来者。对比幽州台，激发冲霄志。哀兵必胜，中华必兴。日月为我祖国作证，风霆为我民族壮行。踏星斗飞过世纪之交，驾神舟立于强国之林。

微博在线

魏明伦，1941年生于四川内江。历任四川省自贡市川剧团演员、编剧，全国政协委员，中国剧协副主席，四川省作协副主席。1980年开始发表作品。1988年加入中国作家协会。国家一级编剧。著有杂文集《巴山鬼话》，电影文学剧本《四川好人》等。

"高擎文明圣火，穿越世纪风云。火熊熊薪传百代，光灿灿彪炳千秋。浩瀚青史，概括于坛内；辉煌文化，浓缩于眼前。"这些句子对仗工整，音韵铿锵，寓意深刻。这篇赋类似于骈赋、文赋、俗赋的一种综合。语句流畅，用词平易，可读性较强，是辞赋的一种发展方向。

寂寞的小石湾（节选）

夏坚勇

二

一个小小的典史，按今天的说法，最多不过相当于一个正科级的县公安局长。在那个民族危亡之秋，率义民拒 24 万清军于城下，孤城碧血 81 天，使清军铁骑连折三王十八将，死 75000 余人。城破之日，义民无一降者，百姓幸存者仅老幼 53 口。如此石破天惊的壮举，在黯淡而柔靡的晚明夕照图中，无疑是最富于力度和光彩的一笔。

然而，江阴城沸沸扬扬的鲜血和呐喊，在史家笔下却消融得了无痕迹，洋洋大观的《明史》和《清史稿》对此竟不著一字。倒是有一个在江苏巡抚宋荦门下当幕僚的小文人，于清苦寂寥中，推开遵命为主人编选的《诗钞》，洋洋洒洒地写下了一篇《阎典史记》。他叫邵长蘅，江苏武进人氏，武进是江阴的近邻，阎应元率众抗清时，邵长蘅大概 10 岁，因此，他的记载应该是史笔。

"当是时，守土吏或降或走，或闭门旅拒，攻之辄拔；速者功在漏刻，迟不过旬日，自京口以南，一月间下名城大县以百计。"这是邵长蘅为江阴城战勾勒的一幅相当冷峻亦相当低调的背景图。大局的糜烂，已经到了无可收拾的地步。那种望风而降的景观，恐怕只有借用历史上一个巴蜀女人的两句诗才能形容：

十四万人齐解甲，

更无一个是男儿。

川人嗜辣，诗也辣得呛人，这个女人也是在亡国之后发出如许诅骂的。是的，腐朽的南明小朝廷已经没有一点雄性的阳刚之气了。

但史可法①呢？这个鼎鼎大名的忠烈公，难道还不算奇男子、伟丈夫？

我们就来说说这个史忠烈公。

就在江阴守城战两个多月前，史可法以大学士领兵部尚书衔督师扬州，与清军铁骑只周旋了数日便土崩瓦解。史可法固然以慷慨尽忠的民族气节而名垂千古，但十万大军何以一触即溃，当史阁部走向刑场时，难道不应该带着几许迷惘，几许愧赧吗？

给史可法立传的全祖望比邵长蘅的名气可要大得多，这位在清乾隆年间因文字狱治罪幸而免死的大学者也确是文章高手。"顺治二年乙酉四月，江都（扬州）围急，督师史忠烈公知势不可为……"《梅花岭记》一开始，作者就把文势张扬得疾风骤雨一般，让史可法在危如累卵的情势中凛然登场。

"势不可为"是客观现实。正如后来"史公墓"前抱柱楹联的上联所述："时局类残棋杨柳城边悬落日"。当时福王朱由崧昏聩荒淫，权奸马士英、阮大铖把持朝政，"文官三只手，武官四只脚"，上上下下都在肆意作践着风雨飘摇的大明江山。骁勇强悍的八旗大军挟带着大漠雄风，一路势如破竹，直薄扬州城下，而南明的各镇兵马又不听史可法调度。从军事上讲，孤城扬州很难有所作为。

史可法登场了。他的第一个亮相不是在督师行辕里谋划军事，也不是在堞楼城壕边布署战守，而是召集诸将，安排自己的后事。他希望有一个人在最后帮助他完成大节，也就是把他杀死，副将史德威"慨然任之"，史可法当即认为义子。又上书福王表明自己"与城为殉"的心迹，并当众再三朗读奏章，涕泪满面，部将无不为之动容。最后遗言母亲与妻子："吾死，当葬于太祖高皇帝之侧；或其不能，则梅花岭可也。"

这就是说，仗还没有打，自己就先想着怎么个死法，如何全节。这如果是作为激励将士拼死决战的手段，本也无可非议，中国战争史上诸如破釜沉舟或抬着棺材上阵的先例都是很有光彩的。但史可法给人的只是无可奈何的庄严。兵临城下，将至壕边，他想得更多的不是怎样把仗打好，而是如何完成自己最后的造型。当年隋炀帝在扬州揽镜自叹："好头颈谁当斫之！"那是末日暴君的悲哀。而史可法是统率10万大军的督师辅臣，不管怎么说，10万人手里拿的并非烧火棍，即使"势不可为"，也要张飞杀岳飞，杀个满天飞。说一句大白话：打不过，也要吓他一跳；再说一句大白话：临死找个垫背的，杀一个够本，杀两个赚一个！

可惜史可法不会说这些粗陋的大白话，他太知书识礼，也太珍惜忠臣烈士的光环，他那种对千秋名节纯理性的憧憬，在很大程度上影响了他对眼前刀兵之争的创造性谋划。可以想象，统帅部的悲观情绪将如何软化着 10 万大军的脊梁。这支本已惶惶如惊弓之鸟的御林军，无疑将更加沉重地笼罩在一片失败的阴影之中。

到了这种地步，战争的结局只是个仪式问题了。

仪式或迟或早总要走过场的，接下来是清兵攻城，几乎一蹴而就，史称的所谓"扬州十日"，其实真正的攻守战只有一天。史可法既没有把敌人"吓一跳"，也没能"临死找个垫背的"，古城扬州的尸山血海，不是由于惨烈的两军决斗，而是由于八旗将士野蛮而潇洒的杀人表演。弄到后来，连史可法本人苦心安排的全节，也得靠敌人来成全他，"二十五日，城陷，忠烈拔刀自裁，诸将果争前抱持之，忠烈大呼德威，德威流涕不能拔刀"。终于被俘。清豫王多铎劝降不成，冷笑道："既为忠臣，当杀之，以全其节。"史可法遂死。

平心而论，史可法不是军事家，这位崇祯元年的进士，其实只是个文弱的儒生。儒家历来信奉的是"修、齐、治、平"之道，这中间，"修身"是第一位的。史可法个人的品德修养毋庸置疑，一个颇有说服力的例证是，他年过四十而无子，妻子劝他纳妾，可法叹息道："王事方殷，敢为儿女计乎?"终于不纳。这样洁身自好的君子，在那个时代的士大夫中相当难能可贵。若是太平岁月，让这样的人经纶国事自然没有问题，但偏偏他又生逢乱世，要让他去督师征伐，这就有点勉为其难了。在浩浩狼烟和刀光铁血面前，他那点孱弱的文化人格只能归结于灭寂和苍凉，归结于一场酸楚的祭奠和无可奈何的悲剧性体验。

这里，我得说到一桩政治文化史上的逸闻。就在清军兵临扬州城下的几个月前，清摄政王多尔衮曾致书史可法劝降，史可法有一封回信，这封海内争传的《复多尔衮书》雄文劲采，写得相当漂亮，今天我们捧读时，仍旧会感到那种澎湃涌动的凛然正气。关于这封回信背后的作者，向来有多种传说，但可以想见，当初作者在起草回信时，必定是相当投入的。那大抵是一个夜晚，"二十四桥明月夜，玉人何处教吹箫"，这样的境界自然是没说的，多少文人曾把扬州的月色涂抹成传世佳句；或细雨凄迷，间离了尘世的喧嚣，将督师行辕浸润在宁定和寂寥之中，这也是写文章的理想氛围。当然，远处的城楼上会不时传来军士巡夜的刁斗声；而在北方的驿道上，快马正传送着十万火急的塘报，那急遽的马蹄声不仅使夜色惊悸不安，也足以使一个末日的王朝瑟瑟颤抖。但这些并不重要，重要的是一篇文章，把史可法的文化人格挥洒得淋漓尽致了。吟读之余，史可法或许会想到历史上的一些事情，古往今来的不少好文章都是两军决战前羽檄交驰的产物。首先是那位叫陈琳的扬州人，他替袁绍起草的《讨曹操檄》使曹操为之出了一身冷汗，久治无效的头风也因此大愈。丘迟致陈伯之的劝降书写得那样文采瑰丽，把政治诱导和山水人情交融得那样得体，"暮春三月，江南草长，杂花生树，群莺乱飞"，谁能相信这样清新明丽的句子会出现在冰冷的劝降书中呢？"初唐四杰"之一的骆宾王更不愧是大才子，他的那篇《讨武曌檄》，连被骂的武则天看了，也拍案叫绝，惊叹不已。这些千古佳话，史可法此刻大概不会不想到，因此，他很看重这篇署名文章。事实上，就凭这一篇《复多尔衮书》，后人就完全有理由认定他是一位文章高手，而忘却他是南明弘光朝的兵部尚书、节制江北四镇的督师辅臣。无论这篇文章是不是史可法的手笔。

说史可法很看重这篇文章，还有一个颇有意思的旁证。据说史可法对自己的书法不甚满意，便四出征求书家高手执笔誊写，这时，书法家韩默正好在扬州，便到军门应召。关于韩默其人，我知道得很少，但仅从史可法对他的赏识来看，大概档次是不低的。韩默笔走龙蛇时，史可法和诸将都在一旁观摩，只见那素笺上气韵飞动，从头到尾一笔不苟，虽微小到一点一画，也不离"二王"的笔法。书毕，史可法赞赏再三，这才令快马送出。

今天我们很难猜测史可法站在督师行辕的台阶上，目送快马远去时的心态。对国事的惆怅？对明王朝的孤忠？对江北四镇防务的忧虑？实在说不准。但有一点大概是可以肯定的，即对刚刚发出的这封复书的几许得意。中国的文化人总是把文章的力量夸张到十分了得，似乎一篇檄文就可以让人家退避三舍，最典型的莫过于李白表演的"醉草吓蛮书"，凭半壶水的洋文便震慑住了觊觎唐帝国版图的番邦。《西厢记》的作者王实甫说："笔尖儿敢横扫五千人"，牛皮吹得还不算大。诗圣杜甫就有点黏边了："笔落惊风雨，诗成泣鬼神"，一支舞文弄墨的纤纤之笔，简直有如上帝的魔杖。既然文章有这样无所不能的造化之功，人们便生生世世地重视考究起来，斟酌推敲起来，咬文嚼字起来，好像一字一词的差异，就真能演化出天壤之别的大结局来。北宋末年，靖康城陷议和，赵桓（钦宗）递降表，文中有"上皇负罪以播迁，微臣捐躯而听命"之句，金将粘罕不满意，一定要叫易"负罪"二字为"失德"。讨价还价不得，战败者只好屈从。其实，"负罪"也罢，"失德"也罢，都改变不了战场上的事实。不久，赵恒父子全被敌人掳去，算是给用字之争下了一道注脚。

还是雄才大略的唐太宗李世民看得清，早几年在山西晋祠发现了他写的一副对联："文章千古事，社稷②一戎衣。"这就说得再明了不过了，文章固然需要，但天下毕竟是打出来的，真正有力量的还是"武器的批判"。不过这副对联是集的杜诗，唐太宗在杜甫之前差不多100年，当然不可能出自他的手中。但即使是后人的假冒，也假冒得很得体，太宗皇帝就有这样的强梁霸气。

史可法给多尔衮复书大约是弘光甲申秋月，半年以后，清兵大举南下，扬州城破。

🌸 难词逐个解 🌸

① 史可法：明末政治家，军事家。汉族，祥符人（今河南开封），祖籍顺天府大兴县（今北京），东汉溧阳侯史崇第四十九世裔孙，其师为左光斗。明南京兵部尚书东阁大学士，因抗清被俘，不屈而死，是我国著名的民族英雄。

② 社稷：社稷即是国家。"社"指土地神，"稷"指谷神后稷。古代国家的国君都祭社稷，后来就用"社稷"代指"国家"。

❄ 微博在线 ❄

夏坚勇，1950年生，江苏海安人。1976年毕业于江苏师范学院中文系，后又毕业于南京大学作家班。历任农民、通讯员、教师，江阴市文化局创作室创作员。江阴市政协委员。1973年开始发表作品。著有小说《吹皱一池春水》《巴黎女士》等。文化散文《湮没的辉煌》荣获首届鲁迅文学奖，同时荣获江苏省紫金山文学奖。1989年获庄重文文学奖。中国作协会员。1993年享受国务院发放的政府特殊津贴。

‖ 美文共欣赏 ‖

　　历史是无情的，也是吝啬的，它只让达官显贵在它上面留下足迹，就如史可法；但是，对一介武夫、对没有文采的粗人，哪怕他惊天动地，都不让他在自己身上踏过——如阎应元。然而，我们得换一个角度思考——史可法，他真的是一个只为功名利禄着想的人吗？不，不是的！他原想一心为国，国亡我亡，但由于他是一个读书人，一介书生，手无缚鸡之力，在清军是压迫下，他是多么的渺小，因此，他也只能用这唯一的方式让自己"死得光荣"。而阎应元呢，他只是一介武夫，只能当上一名典史，不能做更大的官，因此，无论他怎么样地去杀敌、怎么英勇，都会被历史淹没的。因此，只能怨他们自己，不能怪历史无情地抛弃了他们。

松　鼠

〔法国〕布封

　　松鼠是一种漂亮的小动物，乖巧，驯良，很讨人喜欢。它们虽然有时也捕捉鸟雀，却不是肉食动物，常吃的是杏仁榛子、榉实和橡栗。它们面容清秀，眼睛闪闪发光，身体矫健，四肢轻快，非常敏捷，非常机警。玲珑的小面孔，衬上一帽缨形的美丽尾巴，显得格外漂亮。尾巴老是翘起来，一直翘到头上，自己就躲在尾巴底下歇凉。它们常常直竖着身子坐着，像人们用手一样，用前爪往嘴里送东西吃。可以说，松鼠最不像四足兽了。

　　松鼠不躲藏在地底下，经常在高处活动，像飞鸟一样住在树顶上，满树林里跑，从这棵树跳到那棵树。它们在树上做窝，摘果实，喝露水，只有树被风刮得太厉害了，才到地上来。在平原地区是很少看到松鼠的。它们不接近人的住宅，也不待在小树丛里，只喜欢住在高大的老树上。在晴朗的夏夜，可以听到松鼠在树上跳着叫着，互相追逐。它们好像很怕强烈的阳光，白天躲在窝里歇凉，晚上出来奔跑，玩耍，吃东西。

　　松鼠不爱下水。有人说，松鼠横渡溪流的时候，用一块树皮当做船，用自己的尾巴当做帆和舵。松鼠不像山鼠那样，一到冬天就蛰伏不动。它们是十分警觉的，只要有人触动一下松鼠所在的大树，它们就从树上的窝里跑出来躲到树枝底下，或者逃到别的树上去。松鼠在秋天拾榛子，塞到老树空心的缝隙里，塞得满满的，留到冬天吃。在冬天，它们也常用爪子把雪扒开，在雪下面找榛子。松鼠轻快极了，总是小跳着前进，有时也连蹦带跑。它们的爪子是那样锐利，动作是那样敏捷，一棵很光滑的高树，一忽儿就爬上去了。松鼠的叫声很响亮，比黄鼠狼的叫声还要尖些。要是被惹恼了，还会发出一种很不高兴的恨恨声。

　　松鼠的窝通常搭在树枝分杈的地方，又干净又暖和。它们搭窝的时候，先搬些小木片，错杂着放在一起，再用一些干苔藓编扎起来，然后把苔藓挤紧，踏平，使那建筑足够宽敞，足够坚实。这样，它们可以带着儿女住在里面，既舒适又安全。窝口朝上，端端正正，很狭窄，勉强可以进出。窝口有一个圆锥形的盖，把整个窝遮盖起来，下雨时雨水向四周流去，不会落在窝里。

　　松鼠通常一胎生三四个。小松鼠的毛是灰褐色的，过了冬就换毛，新换的毛比脱落的毛颜色深些。它们用爪子和牙齿梳理全身的毛，身上总是光光溜溜，干干净净的。

❋微博在线❋

布封（1707—1788），原名乔治·路易·勒克来克，因继承关系，改姓德·布封。18 世纪法国博物学家、作家。生于孟巴尔城一个律师家庭，他从小受教会教育，爱好自然科学。1739 年起担任皇家花园（植物园）主任。他用毕生精力经营皇家花园，并用 40 年时间写成 36 卷巨册的《自然史》。布封是人文主义思想的继承者和宣传者，在他的作品中惯常用人性化的笔触描摹动物。

▌▌美文共欣赏▌▌

> 本文分三层来讲松鼠，第一层总体介绍松鼠的特点：漂亮、驯良、乖巧、讨人喜欢；第二层介绍了松鼠的三个特点——漂亮、驯良、乖巧；第三层补充介绍了松鼠的习性。通过说明松鼠漂亮、驯良、乖巧、讨人喜欢的特点，表达了作者喜爱松鼠的思想感情。作者行文层次分明，结构合理，语言生动。

老头子做事总是对的

［丹麦］安徒生

一对老人生活在穷苦的乡下，唯一的财产就是一匹漂亮的骏马，为了解决温饱问题，老头子牵着他的马去集市上换些对他们更有用的东西。但是应该换些什么东西呢？

"老头子，你做的事总不会错的啊！快去吧。"老太婆说。

于是她替他裹好围巾，她把它打成一个双蝴蝶结，然后她用她的手掌心把他的帽子擦了几下，同时在他温暖的嘴上来了一个吻。

路上有一个人赶着一头母牛走来，"它一定能产出最好的奶！"于是他们就换了。不一会儿他赶上了一个赶羊的人。这是一只非常健壮的羊，毛也好。赶羊人当然愿意换！

在一个横栅栏旁边他又看到一只大鹅。"我的老女人早就希望有一只鹅！"所以他就换了只鹅。

走着走着，在路边的农舍里，他又看见了一只鸡，"一只鸡总会自己找到一些麦粒，自己养活自己的。"于是这只鸡又属于他了。

天气很热，他想吃点东西，就来到酒馆，一个伙计背了一袋子烂苹果，老头想，老太婆最喜欢苹果了，于是就把鸡换成了一袋子烂苹果。

酒馆里有两个英国人，非常有钱，当他们知道老头用一匹骏马换了一袋子

烂苹果，乐得不行就说他老婆肯定会打他一顿，而老头说非但不会，他还会得到一个吻。于是他们赌了一斗金币。

老头和英国人回到家，给老太婆讲马变成烂苹果的经过。每讲到一笔交易，老太婆就惊呼表示赞同。比如，啊，我们有牛奶喝了；啊，我们可以有鹅肉吃喽！啊，鸡会生蛋，蛋可以孵小鸡，那么我们将要有一大群小鸡喽！

当她得知最后是一袋子烂苹果时，她激动异常："现在我非得给你一个吻不可，谢谢你，老头子，我的好丈夫！我们这地什么都不长，我今天向吝啬的邻居借一点香菜，她说'我们的菜园什么也不长，连一个烂苹果都不结。我甚至连烂苹果都没法借给你'。现在我可以给她十个，而我还有一袋子苹果呢！"随后她又说，"我就知道老头子做事总是对的。"

"我喜欢看这幅情景！"那两个英国人齐声说，"老是走下坡路，却老是快乐，还有最爱的人赞赏，这件事本身就值钱。"所以他们就付给这个老头一斗金子。

于是老太婆因为这一个吻和一句话得到一斗金子。是的，如果一个太太相信自己的丈夫是世上最聪明的人和承认他所做的事总是对的，她一定会得到好的结果。

❄ 微博在线

安徒生，丹麦作家，诗人，世界文学童话创始人。他生前曾得到皇家的致敬，并被高度赞扬为给全欧洲的一代孩子带来了欢乐。他的作品已经被译为150多种语言，成千上万册童话书在全球陆续发行出版。他的童话故事还激发了大量电影，舞台剧，芭蕾舞剧以及电影动画的制作。他的童话具有独特的艺术风格：即诗意的美和喜剧性的幽默。前者为主导风格，多体现在歌颂性的童话中，后者多体现在讽刺性的童话中。他被世人称为"世界童话之王""丹麦童话大师"。他最著名的童话故事有《小锡兵》《冰雪女王》《拇指姑娘》《卖火柴的小女孩》《丑小鸭》《红鞋》等。

‖ 美文共欣赏 ‖

安徒生的童话不单是为了丰富孩子们的精神生活，也为了启发成年人，因此，它不仅为儿童，也为成人所喜爱。而他的童话具有一般成人文学所欠缺的特点：丰富的幻想，天真烂漫的构思和朴素的幽默感。这些都植根于现实生活。他的许多脍炙人口的童话都具有这种特色。

我的心灵告诫我

〔黎巴嫩〕纪伯伦

　　我的心灵告诫我，它教我热爱人们所憎恶的事物，真诚对待人们所仇视的人。它向我阐明：爱并非爱者身上的优点，而是被爱者身上的优点。在心灵告诫我之前，爱在我这里不过是两根相近的立柱间一条被拉紧的细线，可是现在爱已变成一个始即终、终即始的光轮，它环绕着每一个存在着的事物；它慢慢地扩大，以包括每一个即将出现的事物。

　　我的心灵告诫我，它教我去看被形式、色彩外表遮掩了的美，去仔细审视人们认为丑的东西，直到它变为在我认为是美的东西。在心灵告诫我之前，我所看到的美不过是烟雾间颤抖的火焰。可是现在，烟雾消失了，我看到的只是燃烧着的东西。

　　我的心灵告诫我，它教我去倾听并非唇舌和喉咙发出的声音。在心灵告诫我之前，我的听觉迟钝，只听到喧闹和呼喊。可是现在，我能倾听寂静，听到它的合唱队正唱着时光的颂歌和太空的赞美诗，宣示着隐幽的奥秘。

　　我的心灵告诫我，它教我从榨不出汁，盛不进杯，拿不住手，碰不着唇的东西中取饮。在心灵告诫我之前，我的焦渴是我倾尽溪涧和贮池中的水浇熄的灰堆上的一粒火星。可是现在，我的思慕已变为我的杯盏，我的焦渴已变为我的饮料，我的孤独已变为我的微醉。我不喝，也决不再喝了。但在这永不熄灭的燃烧中却有永不消失的快乐。

　　我的心灵告诫我，它教我去触摸并未成形和结晶的东西，让我知道可触知的就是半合理的，我们正在捕捉的正是部分我们想要的。在我的心灵告诫我之前，我冷时满足于热，热时满足于冷，温和时满足于冷热中的一种。可是现在，我捕捉的触觉已经分散，已变成薄雾，穿过一切显现的存在，以便和隐幽的存在相结合。

　　我的心灵告诫我，它教我去闻并非香草和香炉发出的芬芳。在心灵告诫我之前，每当我欲享馨香时，只能求助于园丁、香水瓶或香炉。可是现在，我嗅到的是不熏燃和不挥发的馨香，我胸中充溢的是没经过这个世界任何一座花园，也没被这天空的任何一股空气运载的清新的气息。

　　我的心灵告诫我，它教我在未知和危险召唤时回答："我来了！"在心灵告诫我之前，我只在熟悉的声音召唤时才起立，只在我踏遍走熟的道路上行走。可是现在，已知已变成我奔向未知的坐骑，平易已变成我攀登险峰的阶梯。

　　我的心灵告诫我，它教我不要用自己的语言——"昨天曾经……"。"明天将会……"——去衡量时间。在心灵告诫我之前，我以为"过去"不过是一段逝而不返的时间，"未来"则是一个我绝不可能达到的时代。可是现在，我懂得了，眼前的一瞬间有全部的时间，包括时间中被期待的、被成就的和被证实的一切。

我的心灵告诫我，它教我不要用我的语言——"在这里""在那里""在更远的地方"——去限定空间。在心灵告诫我之前，我立于地球的某一处时，便以为自己远离了所有其他地方。可是现在我已明白，我落脚的地方包括一切地方，我所跋涉的每一段旅程，是所有的途程。

我的心灵告诫我，它教我在周围居民酣睡时熬夜，在他们清醒时入睡。在心灵告诫我之前，我在自己的睡榻上看不到他们的梦，他们在他们的困盹中也寻不到我的梦。可是现在，我只是在他们顾盼着我时才展翅遨游于我的梦中，他们只是在我为他们获得自由而高兴时才飞翔于他们的梦中。

我的心灵告诫我，它教我不要因一个赞颂而得意，不要因一个责难而忧伤。在心灵告诫我之前，我一直怀疑自己劳动的价值和品级，直到时日为它们派来一位褒扬者或诋毁者。可是现在，我已明白，树木春天开花夏天结果并不企盼赞扬，秋天落叶冬天凋敝并不害怕责难。

我的心灵告诫我，它教我明白并向我证实：我并不比草莽贫贱者高，也不比强霸伟岸者低。在心灵告诫我之前，我曾以为人分为两类：一类是我怜悯或鄙视的弱者，一类是我追随或反叛的强者。可是现在我已懂得，我是由人类组成一个集体的东西组成的一个个体，我的成分就是他们的成分，我的蕴涵就是他们的蕴涵，我的希冀就是他们的希冀，我的目标就是他们的目标。他们如果犯了罪，那我也是罪人；他们如果做了某件好事，那我也以这件好事而自豪；他们如果站起身来，那我也一同起立；他们如果落座，那我也一同落座。

我的心灵告诫我，它教我知道：我手擎的明灯并不专属于我，我唱着的歌也不是由我的材料谱成。如果说我带着光明行走，那我并不就是光明；如果说我是一把被上好弦的琴，那我并不是弹奏者。

兄弟！我的心灵告诫了我，教育了我。你的心灵也告诫过你，教育过你。因为你我本是彼此相似的。我们之间没有什么不同，除了我谈论着我，在我的话语中有一点争辩；你掩饰着你，在你的隐匿中有一种美德。

❀ 微博在线 ❀

纪伯伦，1883 年生于黎巴嫩北部山乡卜舍里，是黎巴嫩著名阿拉伯诗人、作家、画家。被称为"艺术天才""黎巴嫩文坛骄子"，是阿拉伯现代小说、艺术和散文的主要奠基人，20 世纪阿拉伯新文学道路的开拓者之一。其主要作品蕴涵了丰富的社会性和东方精神，不以情节为重，旨在抒发丰富的情感。

纪伯伦的作品具有丰富的社会性和深刻的东方精神。他不以故事情节取胜，不描写复杂的人物纠葛，而着重表达人物的心理感受，抒发内心的丰富感情。大段的倾诉如歌剧中的咏叹调，又如法庭上的辩护词，极富感染力。

苍蝇和大象的足球赛

[德国] 米切尔·恩德

在古老的恒河畔，有一个烂草堆，森林里的居民们谁都不愿意打那走，因为它有着一股难闻的恶臭，但那正是苍蝇们的自由王国。因为悬在、趴在、窝在烂草堆上的众好汉满坑满谷实在是太多了，所以它们觉得自己是世界上最强大的动物。

于是它们召开全体大会，踌躇满志，商议如何向所有森林里的居民来证明它们的强大。最后在一只大红头苍蝇的提议下，它们决定成立一支足球队向森林里的动物们挑战。

难道在这方面它们不是天之骄子吗，它们每位都有六条腿，而一支拥有六十六条腿的足球队是不可战胜的！既然它们是那么高贵，那究竟选择谁做对手好呢？蜗牛和蚯蚓？根本不是一个档次嘛。蝗虫和蚂蚁？我呸！岂不被它折杀！要比就要找豪门！

苍蝇们派出了一只小红头去向老虎下战表，小红头嗡嗡嘤嘤地绕着老虎飞半天，无论老虎怎么甩尾巴都赶不走它，老虎心想："坏了，小苍蝇这么反常，难道是要有大雷雨了吗？"老虎吼叫着朝森林深处跑去。苍蝇们欢呼啦，看看吧，平日里威风八面的大老虎一听就吓破了胆，比都不敢比就逃走了。哪还会有谁可以做对手呢？看来也只有大象了。当苍蝇们向大象提出比赛邀请时，大象同样没有察觉到一场普天同庆的旷世盛典即将发生。

比赛那一天可热闹了，那真是锣鼓喧天鞭炮齐鸣人山人海，好家伙，里三层外三层，苍蝇王国的全体居民盛装出席。它们请来了屎壳郎推出了一个比赛专用粪球，它们在大象的两条像柱子般的巨腿前的沙地一丝不苟地画出了一个标准场地。大红头裁判一声哨响，激动人心的超级对决开始啦！而这一切我们愚钝的大象竟浑然不觉。FTH（臭草堆的简写）国家队的上场队员们抖擞精神，使出了浑身解数，球进了！进了！又进了！108∶0！这一场酣畅淋漓的大胜甚至连它们自己也没想到。场内场外，一片沸腾，我们赢了！

没过多久，当苍蝇们还沉浸在胜利的喜悦中，暴风雨来了。烂草堆和它的居民们一眨眼就被洪水冲走了，而森林中的小动物们因为栖身于大象身下得以保全，小动物们别提对大象有多感激了。想知道当苍蝇勇士们进行它们人生当中最重要的一场比赛时大象在干什么吗？大象菲菲在想着蓝色天鹅绒般的月空真神奇。

微博在线

米切尔·恩德，出生于德国，1960 年和 1962 年接连发表两部儿童作品后，竟像蝉一样沉默了长达十年之久。1971 年他离开了德国迁居意大利，三年之后厚积薄发，发表了小说《毛毛》，并因此成为 20 世纪登峰造极的儿童文学作家之一。

‖美文共欣赏‖

　　本文色彩明媚，故事幽默，简单流畅。是大是小不重要，苍蝇们的可笑不是因为它们小，而是因为它们觉得自己了不起。苍蝇们忙忙碌碌，先突破后射门，精彩纷呈，其实那都是它们自个儿在玩，根本没有开始。作者以丰富的语言、传神的笔触，将故事生动地展现，给人以极好的美学熏陶。

魔　毯

〔澳大利亚〕帕特里莎·拉伊森

　　很久以前，人们一生中只在一个地方生活。偶尔出一次门，也不过是徒步或坐马车到邻近的镇子上去一趟。路远，怪累人的，因此，他们很少出去。

　　偶尔会有一位旅行家踏着泥泞的路跋涉而来，或是一位卖针头线脑、发带和珠子的小贩，或是去征战的士兵，或是一位从海上归来的水手。这些过客会把他们所见所闻的稀奇古怪的事讲给人们听，人们听得可认真了。人们渴望了解世界。

　　对那些一生足不出户的人来说，别的地方都是新奇的。他们听说过白鲸和美人鱼、红色或蓝色的人、塞满珠宝的山洞和巨鸟。这些故事千篇一律，但个个儿都是那么奇妙，听来那么传神。他们不知道世上别人都怎么生活，不知道白鲸何以会像美人鱼一样歌唱，也弄不清钟乳石与宝石及大鹏和鸵鸟之间的区别。

　　他们听说有一位了不起的旅行家拥有一块魔毯，他往魔毯上一坐，这毯子就会顺着他的意志在天上飞来飞去，想去哪儿就去哪儿。这故事可太迷人了。足不出户的人相信这是真的。

　　时光飞逝，地球围着太阳绕了一遭又一遭，终于来了一些发明家。"没有的事儿，"发明家们说，"压根儿就没有什么魔毯。"接着他们造汽船、汽车和飞机，有了这些东西，人们就能轻而易举地周游世界了。他们还造出照相机来拍照片给别人看。

　　这场变化可真了不起。现在人们知道与他们同居一球的其他人了，知道围着太阳转的地球是什么样的了。这真像是同所有的人都成了邻居——几乎是，但不完全是。

　　"照片是平面图，"人们说，"你看不见接下来发生的事儿。我们不能整天满世界转，我们得工作，得照看孩子呀。再说，成天旅游太费钱了。有的人根本就无法旅游。我们需要坐在家里看世界。"

　　"那好。"发明家们说。于是他们又发明了会动的图片，还配上正确的色彩和真实的声音。"把这台小机器放在你屋里，"他们说，"你就能看世界，听世界上的声音，看接下来都发生什么事儿。"

　　人们为这新机器高兴。每天晚上下班后他们就从机器中看世界上发生的事儿。可不久，又有人不满足了。"这些画面还是不生动，"他们窃窃私语道，"你无法感受，你看不见它后头有什么。"

发明家们听到这话很生气，因为他们干得很苦还遭人非议。就在这时，一位哲人路过这里。他停下来听到了人们的悄悄话。

"抱怨可是不够礼貌啊，"他说，"发明家们够不容易的了。为什么你们不使用自己的魔毯呢？"

"魔毯？"人们嘲弄地叫道，"那是老皇历了！发明家说世上压根儿没那物件儿，他们什么都知道。"

"没有万事通的人，"哲人说，"每人都有一块魔毯，只不过它藏在你们的头脑中。发明家也不知道这一点。这魔毯可以带着你们满世界飞，你坐在家中的椅子上就能知道好多激动人心的事儿。你可以感受一切，可以看到每件事物的背后，会知道下一步将发生什么。你就是足不出户也可以访遍所有国家的人。"

"那……"人们抱怨说，"我们无法让这魔毯从头脑中飞出来，怎么办呢？"

"你们需要一把钥匙，"哲人说，"什么钥匙开什么锁。我这儿就有一把，拿去试试看。"说着他送给人们一本书。

美文共欣赏

"'你们需要一把钥匙，'哲人说，'什么钥匙开什么锁。我这儿就有一把，拿去试试看。'说着他送给人们一本书。"最后一自然段点明主题。原来作者通过《魔毯》一文，是要告诉我们：知识是打开所有大门的钥匙。

火 光

[俄国] 柯罗连科

很久以前，在一个漆黑的秋天的夜晚，我泛舟在西伯利亚一条阴森森的河上，船到一个转弯处，只见前面黑魆魆的山峰下面，一星火光蓦地一闪。

火光又明又亮，好像就在眼前……

"好啦，谢天谢地！"我高兴地说，"马上就到过夜的地方啦！"

船夫扭头朝身后的火光望了一眼，又不以为然地划起桨来。

"远着呢！"

我不相信他的话，因为火光冲破朦胧的夜色，明明在那儿闪烁。不过船夫是对的：事实上，火光的确还远着呢。

这些黑夜的火光的特点是：驱散黑暗，闪闪发亮，近在眼前，令人神往。

111

乍一看，再划几下就到了……其实却还远着呢！

我们在漆黑如墨的河上又划了很久。一个个峡谷和悬崖，迎面驶来，又向后移去，仿佛消失在茫茫的远方，而火光却依然停在前头，闪闪发亮，令人神往——依然是这么近，又依然是那么远……

现在，无论是这条被悬崖峭壁的阴影笼罩的漆黑的河流，还是那一星明亮的火光，都经常浮现在我的脑际。在这以前和在这以后，曾有许多火光，似乎近在咫尺，不只使我一人心驰神往。可是生活之河却仍然在那阴森森的两岸之间流着，而火光也依旧非常遥远。因此，必须加劲划桨……

然而，火光啊……毕竟……毕竟就在前头！

微博在线

柯罗连科（1853—1921），俄国作家、社会活动家。他的创作中充满着社会政治的主题，洋溢着爱国主义和人道主义思想，并且表现了人民的开始觉醒，他们的愤怒和抗议，他们的向往真理和自由。他继承俄国民主主义文学的传统，维护文学的社会使命。他的写作风格深受屠格涅夫的影响。高尔基把他看做自己的老师。列宁称他为"进步作家"。其代表作有《我的同时代人的故事》《盲音乐家》等。

美文共欣赏

在柯罗连科的眼里，那火光，一定是一盏人类文明的航标灯，指引着一代又一代的人们奔向那里，前赴后继，永不停息。他鼓励青年一代勤奋写作，同时也指出了他们应该努力的方向——向着人类文明之光前进，这方向是不能错的。

1949 年诺贝尔文学奖领奖演说

[美国] 福克纳

我感到这份奖赏不是授予我个人而是授予我的工作的——授予我一生从事关于人类精神的呕心沥血的工作。我从事这项工作，不是为名，更不是为利，而是为了从人的精神原料中创造出一些从前不曾有过的东西。因此，这份奖金只不过是托我保管而已。要作出与这份奖赏原本的目的和意义相符，又与其奖金等价的献词并不困难，但我还愿意利用这个时刻，利用这个举世瞩目的讲坛，向那些可能听到我说话并已献身于同一艰苦劳动的男女青年致敬。他们中肯定有人有一天也会站到我现在站着的地方来。

我们今天的悲剧是人们普遍存在一种生理上的恐惧，这种恐惧存在已久，以致我们已经习惯了。现在不存在精神上的问题，唯一的问题是："我什么时候会被炸得粉身碎骨？"正因如此，今天从事写作的男女青年已经忘记了人类内心的冲突。而这本身就能写好作品。因为这是唯一值得写、值得呕心沥血地去写的题材。

他一定要重新认识这些问题。他必须使自己明白世间最可鄙的事情莫过于恐惧。他必须使自己永远忘却恐惧，在他的工作室里除了心底古老的真理之外，任何东西都没有容身之地。没有这古老的普遍真理，任何小说都只能昙花一现，不会成功；这些真理就是爱、荣誉、怜悯、自尊、同情与牺牲等感情。若是他做不到这样，他的气力终归白费。他不是写爱情而是写情欲，他写的失败是没有人失去可贵的东西的失败，他写的胜利是没有希望、更糟的是没有怜悯或同情的胜利。他的悲伤不是为了世上生灵，所以留下不深刻的痕迹。他不是在写心灵而是在写器官。

在他重新懂得这些之前，他写作时，就犹如站在处于世界末日的人类中去观察末日的来临。我不接受人类末日的说法，因人类能延续而说人是不朽的，这很容易。说即使最后一次钟声已经消失，消失得再也没有潮水冲刷地映在落日余晖里的海上最后一块无用礁石之旁时，还会有一个声音，人类微弱的、不断的说话声，这也很容易。但是我不能接受这种说法。我相信人类不仅能延续，而且能战胜一切而永存。人类不朽不是因为在万物中唯有人类能永远发言，而是因为人类有灵魂，有同情心，有牺牲和忍耐精神。诗人和作家的责任就是把这些写出来。诗人和作家的特权就是去鼓舞人的斗志，使人记住过去曾经有过的光荣——人类曾有过的勇气、荣誉、希望、自尊、同情、怜悯与牺牲精神——以达到永恒。诗人的声音不应只是人类的记录，而应是使人类永存并得到胜利的支柱和栋梁。

※ 微博在线 ※

　　福克纳，美国作家，一生共写了 19 部长篇小说与近百篇短篇小说。其中最有代表性的作品是《喧哗与骚动》。1949 年作品《我弥留之际》获诺贝尔文学奖。获奖理由："因为他对当代美国小说作出了强有力的和艺术上无与伦比的贡献。"

‖ 美文共欣赏 ‖

　　他在获奖后的演说中，用平实的语言阐明了自己对于写作目的的看法，写出了作家应当创作出未曾有过的事物。短小精悍的一篇演说词包含了深刻的意义。

第六单元

推荐必读书目

阅读名著必须把握四个度：

1. 阅读名著要注意广度。要拓开视野，熟悉自己要读的书，切不可视野太狭窄。

2. 要注意降低难度，根据阅读分级的梯度循序渐进地阅读。

3. 要强化阅读的深度。多积累知识、积累情感、积累技巧、积累语言，积累一切人类宝贵的经验，在不断地积累和对生命的体味之中逐步过渡到鉴赏性、评价性阅读。

4. 阅读完一部名著后，要加大自我检查的力度，及时进行总结、评估。

三国演义

罗贯中

《三国演义》是中国第一部长篇章回体历史演义小说，以描写战争为主，反映了吴、蜀、魏三个政治集团之间的政治和军事斗争。大概分为黄巾之乱、董卓之乱、群雄逐鹿、三国鼎立、三国归晋五大部分。在广阔的背景上，上演了一幕幕波澜起伏，气势磅礴的战争场面，成功刻画了一千多个人物形象，其中曹操、刘备、孙权、诸葛亮、周瑜、关羽、张飞、赵云等人物形象脍炙人口，不以敌我叙述方式对待各方的真实描述，对后世产生了极其深远的影响。罗贯中将兵法三十六计汇融于字里行间，既有情节，也有兵法韬略。

《三国演义》开创了历史演义小说的先河，是讲演历史，再现历史史实的范列。自此以后，文人纷纷效仿，中国几千年的历史，大部分都已写成了各种讲演再现历史的演义小说，但成就都没有超越《三国演义》。

❋ 片段赏析 ❋

第一回　宴桃园豪杰三结义　斩黄巾英雄首立功

滚滚长江东逝水，浪花淘尽英雄。是非成败转头空。青山依旧在，几度夕阳红。白发渔樵江渚上，惯看秋月春风。一壶浊酒喜相逢。古今多少事，都付笑谈中。

——调寄《临江仙》斋

话说天下大势，分久必合，合久必分。周末七国分争，并入于秦。及秦灭之后，楚、汉分争，又并入于汉。汉朝自高祖斩白蛇而起义，一统天下，后来光武中兴，传至献帝，遂分为三国。推其致乱之由，殆始于桓、灵二帝。桓帝禁锢善类，崇信宦官。及桓帝崩，灵帝即位，大将军窦武、太傅陈蕃，共相辅佐。时有宦官曹节等弄权，窦武、陈蕃谋诛之，机事不密，反为所害，中涓自此愈横。

建宁二年四月望日，帝御温德殿。方升座，殿角狂风骤起。只见一条大青蛇，从梁上飞将下来，蟠于椅上。帝惊倒，左右急救入宫，百官俱奔避。须臾，蛇不见了。忽然大雷大雨，加以冰雹，落到半夜方止，坏却房屋无数。建宁四年二月，洛阳地震；又海水泛溢，沿海居民，尽被大浪卷入海中。光和元年，雌鸡化雄。六月朔，黑气十余丈，飞入温德殿中。秋七月，有虹现于玉堂；五原山岸，尽皆崩裂。种种不祥，非止一端。帝下诏问群臣以灾异之由，议郎蔡邕上疏，以为蜺堕鸡化，乃妇寺干政之所致，言颇切直。帝览奏叹息，因起更衣。曹节在后窃视，悉宣告左右；遂以他事陷邕于罪，放归田里。后张让、赵忠、封谞、段珪、曹节、侯览、蹇硕、程旷、夏恽、郭胜十人朋比为奸，号为"十常侍"。帝尊信张让，呼为"阿父"。朝政日非，以致天下人心思乱，盗贼蜂起。

时巨鹿郡有兄弟三人，一名张角，一名张宝，一名张梁。那张角本是个不第秀才，因入山采药，遇一老人，碧眼童颜，手执藜杖，唤角至一洞中，以天书三卷授之，曰："此名《太平要术》，汝得之，当代天宣化，普救世人；若萌异心，必获恶报。"角拜问姓名。老人曰："吾乃南华老仙也。"言讫，化阵清风而去。角得此书，晓夜攻习，能呼风唤雨，号为"太平道人"。中平元年正月内，疫气流行，张角散施符水，为人治病，自称"大贤良师"。角有徒弟五百余人，云游四方，皆能书符念咒。次后徒众日多，角乃立三十六方，大方万余人，小方六七千，各立渠帅，称为将军；讹言："苍天已死，黄天当立；岁在甲子，天下大吉。"令人各以白土，书"甲子"二字于家中大门上。青、幽、徐、冀、荆、扬、兖、豫八州之人，家家侍奉大贤良师张角名字。角遣其党马元义，暗赍金帛，结交中涓封谞，以为内应。角与二弟商议曰："至难得者，民心也。今民心已顺，若不乘势取天下，诚为可惜。"遂一面私造黄旗，约期举事；一面使弟子唐周，驰书报封谞。唐周乃径赴省中告变。帝召大将军何进调兵擒马元义，斩之；次收封谞等一干人下狱。张角闻知事露，星夜举兵，自称"天公将军"，张宝称"地公将军"，张梁称"人公将军"。申言于众曰："今汉运将终，大圣人出。汝等皆宜顺天从正，以乐太平。"四方百姓，裹黄巾从张角反者四五十万。贼势浩大，官军望风而靡。何进奏帝火速降诏，令各处备御，讨贼立功。一面遣中郎将卢植、皇甫嵩、朱俊，各引精兵、分三路讨之。

且说张角一军，前犯幽州界分。幽州太守刘焉，乃江夏竟陵人氏，汉鲁恭王之后也。当时闻得贼兵将至，召校尉邹靖计议。靖曰："贼兵众，我兵寡，明公宜作速招军应敌。"刘焉然其说，随即出榜招募义兵。

榜文行到涿县，引出涿县中一个英雄。那人不甚好读书；性宽和，寡言语，喜怒不形于色；素有大志，专好结交天下豪杰；生得身长七尺五寸，两耳垂肩，双手过膝，目能自顾其耳，面如冠玉，唇若涂脂；中山靖王刘胜之后，汉景帝阁下玄孙，姓刘，名备，字玄德。昔刘胜之子刘贞，汉武时封涿鹿亭侯，后坐酎金失侯，因此遗这一枝在涿县。玄德祖刘雄，父刘弘。弘曾举孝廉，亦尝作吏，早丧。玄德幼孤，事母至孝；家贫，贩屦织席为业。家住本县楼桑村。其家之东南，有一大桑树，高五丈余，遥望之，童童如车盖。相者云："此家必出贵人。"玄德幼时，与乡中小儿戏于树下，曰："我为天子，当乘此车盖。"叔父刘元起奇其言，曰："此儿非常人也！"因见玄德家贫，常资给之。年十五岁，母使游学，尝师事郑玄、卢植，与公孙瓒等为友。

及刘焉发榜招军时，玄德年已二十八岁矣。当日见了榜文，慨然长叹。随后一人厉声言曰："大丈夫不与国家出力，何故长叹？"玄德回视其人，身长八尺，豹头环眼，燕颔虎须，声若巨雷，势如奔马。玄德见他形貌异常，问其姓名。其人曰："某姓张，名飞，字翼德。世居涿郡，颇有庄田，卖酒屠猪，专好结交天下豪杰。恰才见公看榜而叹，故此相问。"玄德曰："我本汉室宗亲，姓刘，名备。今闻黄巾倡乱，有志欲破贼安民，恨力不能，故长叹耳。"飞曰："吾颇有资财，当招募乡勇，与公同举大事，如何？"玄德甚喜，遂与同入村店中饮酒。

正饮间，见一大汉，推着一辆车子，到店门首歇了，入店坐下，便唤酒保："快斟酒来吃，我待赶入城去投军。"玄德看其人：身长九尺，髯长二尺；面如重枣，唇若涂脂；丹凤眼，卧蚕眉，相貌堂堂，威风凛凛。玄德就邀他同坐，叩其姓名。其人曰："吾姓关，名羽，字长生，后改云长，河东解良人也。因本处势豪，倚势凌人，被吾杀了，逃难江湖，五六年矣。今闻此处招军破贼，特来应募。"玄德遂以己志告之，云长大喜。同到张飞庄上，共议大事。飞曰："吾庄后有一桃园，花开正盛；明日当于园中祭告天地，我三人结为兄弟，协力同心，然后可图大事。"玄德、云长齐声应曰："如此甚好。"

次日，于桃园中，备下乌牛白马祭礼等项，三人焚香再拜而说誓曰："念刘备、关羽、张飞，虽然异姓，既结为兄弟，则同心协力，救困扶危；上报国家，下安黎庶。不求同年同月同日生，只愿同年同月同日死。皇天后土，实鉴此心，背义忘恩，天人共戮！"誓毕，拜玄德为兄，关羽次之，张飞为弟。祭罢天地，复宰牛设酒，聚乡中勇士，得三百余人，就桃园中痛饮一醉。来日收拾军器，但恨无马匹可乘。正思虑间，人报有两个客人，引一伙伴当，赶一群马，投庄上来。玄德曰："此天佑我也!"三人出庄迎接。原来二客乃中山大商：一名张世平，一名苏双，每年往北贩马，近因寇发而回。玄德请二人到庄，置酒管待，诉说欲讨贼安民之意。二客大喜，愿将良马五十匹相送；又赠金银五百两，镔铁一千斤，以资器用。

玄德谢别二客，便命良匠打造双股剑。云长造青龙偃月刀，又名"冷艳锯"，重八十二斤。张飞造丈八点钢矛。各置全身铠甲。共聚乡勇五百余人，来见邹靖。邹靖引见太守刘焉。三人参见毕，各通姓名。玄德说起宗派，刘焉大喜，遂认玄德为侄。不数日，人报黄巾贼将程远志统兵五万来犯涿郡。刘焉令邹靖引玄德等三人，统兵五百，前去破敌。玄德等欣然领军前进，直至大兴山下，与贼相见。贼众皆披发，以黄巾抹额。当下两军相对，玄德出马，左有云长，右有翼德，扬鞭大骂："反国逆贼，何不早降!"程远志大怒，遣副将邓茂出战。张飞挺丈八蛇矛直出，手起处，刺中邓茂心窝，翻身落马。程远志见折了邓茂，拍马舞刀，直取张飞。云长舞动大刀，纵马飞迎。程远志见了，早吃一惊，措手不及，被云长刀起处，挥为两段。后人有诗赞二人曰：英雄露颖在今朝，一试矛兮一试刀。初出便将威力展，三分好把姓名标。

众贼见程远志被斩，皆倒戈而走。玄德挥军追赶，投降者不计其数，大胜而回。刘焉亲自迎接，赏劳军士。次日，接得青州太守龚景牒文，言黄巾贼围城将陷，乞赐救援。刘焉与玄德商议。玄德曰："备愿往救之。"刘焉令邹靖将兵五千，同玄德、关、张，投青州来。贼众见救军至，分兵混战。玄德兵寡不胜，退三十里下寨。

玄德谓关、张曰："贼众我寡；必出奇兵，方可取胜。"乃分关公引一千军伏山左，张飞引一千军伏山右，鸣金为号，齐出接应。次日，玄德与邹靖引军鼓噪而进。贼众迎战，玄德引军便退。贼众乘势追赶，方过山岭，玄德军中一齐鸣金，左右两军齐出，玄德麾军回身复杀。三路夹攻，贼众大溃。直赶至青州城下，太守龚景亦率民兵出城助战。贼势大败，剿戮极多，遂解青州之围。后人有诗赞玄德曰：运筹决算有神功，二虎还须逊一龙。初出便能垂伟绩，自应分鼎在孤穷。

龚景犒军毕，邹靖欲回。玄德曰："近闻中郎将卢植与贼首张角战于广宗，备昔曾师事卢植，欲往助之。"于是邹靖引军自回，玄德与关、张引本部五百人投广宗来。至卢植军中，入帐施礼，具道来意。卢植大喜，留在帐前听调。

时张角贼众十五万，植兵五万，相拒于广宗，未见胜负。植谓玄德曰：

"我今围贼在此，贼弟张梁、张宝在颍川，与皇甫嵩、朱俊对垒。汝可引本部人马，我更助汝一千官军，前去颍川打探消息，约期剿捕。"玄德领命，引军星夜投颍川来。

时皇甫嵩、朱俊领军拒贼，贼战不利，退入长社，依草结营。嵩与俊计曰："贼依草结营，当用火攻之。"遂令军士，每人束草一把，暗地埋伏。其夜大风忽起。二更以后，一齐纵火，嵩与俊各引兵攻击贼寨，火焰张天，贼众惊慌，马不及鞍，人不及甲，四散奔走。

杀到天明，张梁、张宝引败残军士，夺路而走。忽见一彪军马，尽打红旗，当头来到，截住去路。为首闪出一将，身长七尺，细眼长髯，官拜骑都尉，沛国谯郡人也，姓曹，名操，字孟德。操父曹嵩，本姓夏侯氏，因为中常侍曹腾之养子，故冒姓曹。曹嵩生操，小字阿瞒，一名吉利。操幼时，好游猎，喜歌舞，有权谋，多机变。操有叔父，见操游荡无度，尝怒之，言于曹嵩。嵩责操。操忽心生一计，见叔父来，诈倒于地，作中风之状。叔父惊告嵩，嵩急视之。操故无恙。嵩曰："叔言汝中风，今已愈乎？"操曰："儿自来无此病；因失爱于叔父，故见罔耳。"嵩信其言。后叔父但言操过，嵩并不听。因此，操得恣意放荡。时人有桥玄者，谓操曰："天下将乱，非命世之才不能济。能安之者，其在君乎？"南阳何颙见操，言："汉室将亡，安天下者，必此人也。"汝南许劭，有知人之名。操往见之，问曰："我何如人？"劭不答。又问，劭曰："子治世之能臣，乱世之奸雄也。"操闻言大喜。年二十，举孝廉，为郎，除洛阳北部尉。初到任，即设五色棒十余条于县之四门，有犯禁者，不避豪贵，皆责之。中常侍蹇硕之叔，提刀夜行，操巡夜拿住，就棒责之。由是，内外莫敢犯者，威名颇震。后为顿丘令，因黄巾起，拜为骑都尉，引马步军五千，前来颍川助战。正值张梁、张宝败走，曹操拦住，大杀一阵，斩首万余级，夺得旗幡、金鼓、马匹极多。张梁、张宝死战得脱。操见过皇甫嵩、朱俊，随即引兵追袭张梁、张宝去了。

却说玄德引关、张来颍川，听得喊杀之声，又望见火光烛天，急引兵来时，贼已败散。玄德见皇甫嵩、朱俊，具道卢植之意。嵩曰："张梁、张宝势穷力乏，必投广宗去依张角。玄德可即星夜往助。"玄德领命，遂引兵复回。得到半路，只见一簇军马，护送一辆槛车，车中之囚，乃卢植也。玄德大惊，滚鞍下马，问其缘故。植曰："我围张角，将次可破；因角用妖术，未能即胜。朝廷差黄门左丰前来体探，问我索取贿赂。我答曰：'军粮尚缺，安有余钱奉承天使?'左丰挟恨,回奏朝廷,说我高垒不战,惰慢军心;因此朝廷震怒,遣中郎将董卓来代将我兵,取我回京问罪。"张飞听罢,大怒,要斩护送军人,以救卢植。玄德急止之曰:"朝廷自有公论,汝岂可造次?"军士簇拥卢植去了。关公曰:"卢中郎已被逮,别人领兵,我等去无所依,不如且回涿郡。"玄德从其言,遂引军北行。行无二日,忽闻山后喊声大震。玄德引关、张纵马上高冈望之,见汉军大败,后面漫山塞野,黄巾盖地而来,旗上大书"天公将军"。玄德曰:"此张角也!可速战!"三人飞马引军而出。张角正杀败董卓,乘势赴来,忽遇三人冲杀,角军大乱,败走五十余里。

三人救了董卓回寨。卓问三人现居何职。玄德曰:"白身。"卓甚轻之,不为礼。玄德出,张飞大怒曰:"我等亲赴血战,救了这厮,他却如此无礼。若不杀之,难消我气!"便要提刀入帐来杀董卓。正是:人情势利古犹今,谁识英雄是白身?安得快人如翼德,尽诛世上负心人!

毕竟董卓性命如何,且听下文分解。

微博在线

罗贯中(约1330—约1400),汉族,山东东原(今山东东平县)人,名本,字贯中,号湖海散人。他是元末明初著名小说家、戏曲家,是中国章回小说的鼻祖。其著作《三国演义》为中国四大名著之一,是历史演义小说的经典之作。罗贯中一生著作很多,主要作品有:剧本《赵太祖龙虎风云会》《忠正孝子连环谏》《三平章死哭蜚虎子》;小说《隋唐两朝志传》《残唐五代史演义》《三遂平妖传》《粉妆楼》。

朝花夕拾

鲁　迅

内容介绍

　　《朝花夕拾》·最初以《旧事重提》为总题，陆续发表于《莽原》半月刊。1927年7月，鲁迅在广州重新加以编订，并添写《小引》和《后记》，1928年9月结集时改名为《朝花夕拾》。于1928年9月由北京未名社出版，列为作者所编的《未名新集》之一。1929年2月再版。1932年9月第三版改由上海北新书局重排出版。书的封面为陶元庆所绘。

　　《朝花夕拾》共收入十篇作品。包括：对猫的厌恶和仇恨的《狗·猫·鼠》；怀念长妈妈又哀其不幸，怒其不争的《阿长与〈山海经〉》；批判封建孝道的虚伪和残酷的《二十四孝图》；表现封建家长制阴影的《五猖会》；描绘迷信传说中的勾魂使者《无常》；写童年之事的《从百草园到三味书屋》；揭露庸医误人的《父亲的病》；描写一个心术不正，令人憎恶的衍太太形象的《琐记》；最使鲁迅感激的日本老师《藤野先生》；潦倒一生的同乡好友《范爱农》《孔乙己》。《朝花夕拾》将往事的回忆与现实的生活紧密地结合起来，充分显示了作者关注人生、关注社会改革的巨大热情。

片段赏析

　　在东京的客店里，我们大抵一起来就看报。学生所看的多是《朝日新闻》和《读卖新闻》，专爱打听社会上琐事的就看《二六新闻》。一天早晨，辟头就看见一条从中国来的电报，大概是：——

　　"安徽巡抚恩铭被 JoShikiRin 刺杀，刺客就擒。"

　　大家一怔之后，便容光焕发地互相告语，并且研究这刺客是谁，汉字是怎样三个字。但只要是绍兴人，又不专看教科书的，却早已明白了。这是徐锡麟，他留学回国之后，在做安徽候补道，办着巡警事物，正合于刺杀巡抚的地位。

　　大家接着就预测他将被极刑，家族将被连累。不久，秋瑾姑娘在绍兴被杀的消息也传来了，徐锡麟是被挖了心，给恩铭的亲兵炒食净尽。人心很愤怒。

有几个人便秘密地开一个会，筹集川资；这时用得着日本浪人了，撕乌贼鱼下酒，慷慨一通之后，他便登程去接徐伯荪的家属去。

照例还有一个同乡会，吊烈士，骂满洲；此后便有人主张打电报到北京，痛斥满政府的无人道。会众即刻分成两派：一派要发电，一派不要发。我是主张发电的，但当我说出之后，即有一种钝滞的声音跟着起来：——

"杀的杀掉了，死的死掉了，还发什么屁电报呢。"

这是一个高大身材，长头发，眼球白多黑少的人，看人总象在渺视。他蹲在席子上，我发言大抵就反对；我早觉得奇怪，注意着他的了，到这时才打听别人：说这话的是谁呢，有那么冷？认识的人告诉我说：他叫范爱农，是徐伯荪的学生。

我非常愤怒了，觉得他简直不是人，自己的先生被杀了，连打一个电报还害怕，于是便坚执地主张要发电，同他争起来。结果是主张发电的居多数，他屈服了。其次要推出人来拟电稿。

"何必推举呢？自然是主张发电的人罗——。"他说。

我觉得他的话又在针对我，无理倒也并非无理的。但我便主张这一篇悲壮的文章必须深知烈士生平的人做，因为他比别人关系更密切，心里更悲愤，做出来就一定更动人。于是又争起来。结果是他不做，我也不做，不知谁承认做去了；其次是大家走散，只留下一个拟稿的和一两个干事，等候做好之后去拍发。

从此我总觉得这范爱农离奇，而且很可恶。天下可恶的人，当初以为是满人，这时才知道还在其次；第一倒是范爱农。中国不革命则已，要革命，首先就必须将范爱农除去。

然而这意见后来似乎逐渐淡薄，到底忘却了，我们从此也没有再见面。直到革命的前一年，我在故乡做教员，大概是春末时候罢，忽然在熟人的客座上看见了一个人，互相熟视了不过两三秒钟，我们便同时说：——

"哦哦，你是范爱农！"

"哦哦，你是鲁迅！"

不知怎地我们便都笑了起来，是互相的嘲笑和悲哀。他眼睛还是那样，然而奇怪，只这几年，头上却有了白发了，但也许本来就有，我先前没有留心到。他穿着很旧的布马褂，破布鞋，显得很寒素。谈起自己的经历来，他说他后来没有了学费，不能再留学，便回来了。回到故乡之后，又受着轻蔑，排斥，迫害，几乎无地可容。现在是躲在乡下，教着几个小学生糊口。但因为有时觉得很气闷，所以也乘了航船进城来。

他又告诉我现在爱喝酒，于是我们便喝酒。从此他每一进城，必定来访我，非常相熟了。我们醉后常谈些愚不可及的疯话，连母亲偶然听到了也发笑。一天我忽而记起在东京开同乡会时的旧事，便问他：——

"那一天你专门反对我，而且故意似的，究竟是什么缘故呢？"

"你还不知道？我一向就讨厌你的，——不但我，我们。"

"你那时之前，早知道我是谁么？"

"怎么不知道。我们到横滨，来接的不就是子英和你么？你看不起我们，摇摇头，你自己还记得么？"

我略略一想，记得的，虽然是七八年前的事。那时是子英来约我的，说到横滨去接新来留学的同乡。汽船一到，看见一大堆，大概一共有十多人，一上岸便将行李放到税关上去候查检，关吏在衣箱中翻来翻去，忽然翻出一双绣花的弓鞋来，便放下公事，拿着仔细地看。我很不满，心里想，这些鸟男人，怎么带这东西来呢。自己不注意，那时也许就摇了摇头。检验完毕，在客店小坐之后，即须上火车。不料这一群读书人又在客车上让起坐位来了，甲要乙坐在这位子，乙要丙去坐，做揖未终，火车已开，车身一摇，即刻跌倒了三四个。我那时也很不满，暗地里想：连火车上的坐位，他们也要分出尊卑来……。自己不注意，也许又摇了摇头。然而那群雍容揖让的人物中就有范爱农，却直到这一天才想到。岂但他呢，说起来也惭愧，这一群里，还有后来在安徽战死的陈伯平烈士，被害的马宗汉烈士；被囚在黑狱里，到革命后才见天日而身上永带着匪刑的伤痕的也还有一两人。而我都茫无所知，摇着头将他们一并运上东京了。徐伯荪虽然和他们同船来，却不在这车上，因为他在神户就和他的夫人坐车走了陆路了。

我想我那时摇头大约有两回，他们看见的不知道是那一回。让坐时喧闹，检查时幽静，一定是在税关上的那一回了，试问爱农，果然是的。

"我真不懂你们带这东西做什么？是谁的？"

"还不是我们师母的？"他瞪着他多白的眼。

"到东京就要假装大脚，又何必带这东西呢？"

"谁知道呢？你问她去。"

到冬初，我们的景况更拮据了，然而还喝酒，讲笑话。忽然是武昌起义接着是绍兴光复。第二天爱农就上城来，戴着农夫常用的毡帽，那笑容是从来没有见过的。

"老迅，我们今天不喝酒了。我要去看看光复的绍兴。我们同去。"

我们便到街上去走了一通，满眼是白旗。然而貌虽如此，内骨子是依旧的，因为还是几个旧乡绅所组织的军政府，什么铁路股东是行政司长，钱店掌柜是军械司长……这军政府也到底不长久，几个少年一嚷，王金发带兵从杭州进来了，但即使不嚷或者也会来。他进来以后，也就被许多闲汉和新进的革命党所包围，大做王都督。在衙门里的人物，穿布衣来的，不上十天也大概换上皮袍子了，天气还并不冷。

我被摆在师范学校校长的饭碗旁边，王都督给了我校款二百元。爱农做监学，还是那件布袍子，但不大喝酒了，也很少有工夫谈闲天。他办事，兼教书，实在勤快得可以。

"情形还是不行，王金发他们。"一个去年听过我的讲义的少年来访我，慷慨地说，"我们要办一种报来监督他们。不过发起人要借用先生的名字。还有一个是子英先生，一个是德清先生。为社会，我们知道你决不推却的。"

我答应他了。两天后便看见出报的传单，发起人诚然是三个。五天后便见报，开首便骂军政府和那里面的人员；此后是骂都督，都督的亲戚、同乡、姨太太……

这样地骂了十多天，就有一种消息传到我的家里来，说都督因为你们诈取了他的钱，还骂他，要派人用手枪来打死你们了。

别人倒还不打紧，第一个着急的是我的母亲，叮嘱我不要再出去。但我还是照常走，并且说明，王金发是不来打死我们的，他虽然绿林大学出身，而杀人却不很轻易。况且我拿的是校款，这一点他还能明白的，不过说说罢了。

果然没有来杀。写信去要经费，又取了二百元。但仿佛有些怒意，同时传令道：再来要，没有了！

不过爱农得到了一种新消息，却使我很为难。原来所谓"诈取"者，并非指学校经费而言，是指另有送给报馆的一笔款。报纸上骂了几天之后，王金发便叫人送去了五百元。于是乎我们的少年们便开起会议来，第一个问题是：收不收？决议曰：收。第二个问题是：收了之后骂不骂？决议曰：骂。理由是：收钱之后，他是股东；股东不好，自然要骂。

我即刻到报馆去问这事的真假。都是真的。略说了几句不该收他钱的话，一个名为会计的便不高兴了，质问我道：——

"报馆为什么不收股本？"

"这不是股本……"

"不是股本是什么？"

我就不再说下去了，这一点世故是早已知道的，倘我再说出连累我们的话来，他就会面斥我太爱惜不值钱的生命，不肯为社会牺牲，或者明天在报上就可以看见我怎样怕死发抖的记载。

然而事情很凑巧，季弗写信来催我往南京了。爱农也很赞成，但颇凄凉，说：——

"这里又是那样，住不得。你快去罢……"

我懂得他无声的话，决计往南京。先到都督府去辞职，自然照准，派来了一个拖鼻涕的接收员，我交出账目和余款一角又两铜元，不是校长了。后任是孔教会会长傅力臣。

报馆案是我到南京后两三个星期了结的，被一群兵们捣毁。子英在乡下，没有事；德清适值在城里，大腿上被刺了一尖刀。他大怒了。自然，这是很有些痛的，怪他不得。他大怒之后，脱下衣服，照了一张照片，以显示一寸来宽的刀伤，并且做一篇文章叙述情形，向各处分送，宣传军政府的横暴。我想，这种照片现在是大约未必还有人收藏着了，尺寸太小，刀伤缩小到几乎等于无，如果不加说明，看见的人一定以为是带些疯气的风流人物的裸体照片，倘遇见孙传芳大帅，还怕要被禁止的。

我从南京移到北京的时候，爱农的学监也被孔教会会长的校长设法去掉了。他又成了革命前的爱农。我想为他在北京寻一点小事做，这是他非常希望的，然而没有机会。他后来便到一个熟人的家里去寄食，也时时给我信，景况愈困穷，言辞也愈凄苦。终于又非走出这熟人的家不可，便在各处飘浮。不久，忽然从同乡那里得到一个消息，说他已经掉在水里，淹死了。

我疑心他是自杀。因为他是凫水的好手，不容易淹死的。

夜间独坐在会馆里，十分悲凉，又疑心这消息并不确，但无端又觉得这是极其可靠的，虽然并无证据。一点法子都没有，只做了四首诗，后来曾在一种日报上发表，现在是将要忘记完了。只记得一首里的六句，起首四句是："把酒论天下，先生小酒人，大圜犹酩酊，微醉合沉沦。"中间忘掉两句，末了是"旧朋云散尽，余亦等轻尘。"

后来我回故乡去，才知道一些较为详细的事。爱农先是什么事也没得做，因为大家讨厌他。他很困难，但还喝酒，是朋友请他的。他已经很少和人们来往，常见的只剩下几个后来认识的较为年青的人了，然而他们似乎也不愿意多听他的牢骚，以为不如讲笑话有趣。

"也许明天就收到一个电报，拆开来一看，是鲁迅来叫我的。"他时常这样说。

一天，几个新的朋友约他坐船去看戏，回来已过夜半，又是大风雨，他醉着，却偏要到船舷上去小解。大家劝阻他，也不听，自己说是不会掉下去的。但他掉下去了，虽然能凫水，却从此不起来。

第二天打捞尸体，是在菱荡里找到的，直立着。

我至今不明白他究竟是失足还是自杀。

他死后一无所有，遗下一个幼女和他的夫人。有几个人想集一点钱作他女孩将来的学费的基金，因为一经提议，即有族人来争这笔款的保管权，——其实还没有这笔款，大家觉得无聊，便无形消散了。

现在不知他唯一的女儿景况如何？倘在上学，中学已该毕业了罢。

十一月十八日

小王子

圣·埃克苏佩里

内容介绍

小王子是一个超凡脱俗的仙童，他住在一颗只比他大一丁点儿的小行星上。陪伴他的是一朵他非常喜爱的小玫瑰花。但玫瑰花的虚荣心伤害了小王子对她的感情。小王子告别小行星，开始了遨游太空的旅行。他先后访问了六个行星，各种见闻使他陷入忧伤，他感到大人们荒唐可笑，太不正常。只有在其中一个点灯人的星球上，小王子才找到一个可以作为朋友的人。但点灯人的天地又十分狭小，除了点灯人和他自己，不能容下第二个人。在地理学家的指点下，孤单的小王子来到人类居住的地球。

小王子发现人类缺乏想象力，只知像鹦鹉那样重复别人讲过的话。小王子这时越来越思念自己星球上的那枝小玫瑰。后来，小王子遇到一只小狐狸，小王子用耐心征服了小狐狸，与它结成了亲密的朋友。小狐狸把自己心中的秘密——肉眼看不见事物的本质，只有用心灵才能洞察一切——作为礼物，送给小王子。用这个秘密，小王子在撒哈拉大沙漠与遇险的飞行员一起找到了生命的泉水。最后，小王子在蛇的帮助下离开地球，重新回到他的 B612 号小行星上。

片段赏析

当我还只有六岁的时候，在一本描写原始森林的名叫《真实的故事》的书中，看到了一幅精彩的插画，画的是一条蟒蛇正在吞食一只大野兽。页头上就是那幅画的摹本。

这本书中写道："这些蟒蛇把它们的猎获物不加咀嚼地囫囵吞下，而后就不能再动弹了；它们就在长长的六个月的睡眠中消化这些食物。"当时，我对丛林中的奇遇想得很多，于是，我也用彩色铅笔画出了我的第一幅图画。我的第一号作品。

我把我的这幅杰作拿给大人看，我问他们我的画是不是叫他们害怕。

他们回答我说："一顶帽子有什么可怕的？"

我画的不是一顶帽子，是一条巨蟒在消化着一头大象。于是我又把巨蟒肚子里的情况画了出来，以便让大人们能够看懂。这些大人总是需要解释。

大人们劝我把这些画着开着肚皮的，或闭上肚皮的蟒蛇的图画放在一边，还是把兴趣放在地理、历史、算术、语法上。就这样，在六岁的那年，我就放弃了当画家这一美好的职业。我的第一号、第二号作品的不成功，使我泄了气。这些大人，靠他们自己什么也弄不懂，还得老是不断地给他们作解释。这真叫孩子们腻味。

后来，我只好选择了另外一个职业，我学会了开飞机，世界各地差不多都飞到过。的确，地理学帮了我很大的忙。我一眼就能看到中国和亚利桑那。要是夜里迷失了航向，这是很有用的。

这样，在我的生活中，我跟许多严肃的人有过很多的接触。我在大人们中间生活过很长时间。我仔细地观察过他们，但这并没有使我对他们的看法有多大的改变。

当我看到一个头脑稍微清楚的大人时，我就拿出一直保存着的我那第一号作品来测试他。我想知道他是否真的有理解能力。可是，得到的回答总是："这是顶帽子。"我就不和他们谈巨蟒呀，原始森林呀，或者星星之类的事。我只迁就他们的水平，和他们谈些桥牌呀，高尔夫球呀，政治呀，领带呀这些。于是大人们就十分高兴能认识我这样一个通情达理的人。

微博在线

安东尼·德·圣·埃克苏佩里，1900 年 6 月 29 日生于法国里昂市。飞行家，作家。除了飞行，用写作探索灵魂深处的寂寞是他的另一终生所爱。代表作品有童话《小王子》，该书至今全球发行量已达五亿册，被誉为"阅读率仅次于《圣经》"的最佳书籍。其他作品还有小说《南方邮航》《夜航》《空军飞行员》《要塞》；散文《人类的大地》《堡垒》《云上的日子》等。

七号梦工厂

[美] 大卫·威斯纳

‖内容介绍‖

每件事情都有既定的规则，世上万物也皆有固定的模式。唯独"想象力"，可以无拘无束，天马行空！

一个小男孩在美国的帝国大厦上与一朵小白云偶遇，小男孩坐在云上，穿过云山雾海，赫然发现一座天空之城——城上插满了巨大的喇叭，有无数朵白云从里面飘出来。原来这里是神秘的 7 号梦工厂……小男孩意外地为自己开启了一段惊奇的旅程！也让觉得有志难伸的云朵们，得以幻化成无法想象的精彩杰作！当然，也带给城市的人们一份难以言喻的惊喜礼物！

❋片段赏析❋

帝国大厦周围云雾缭绕

大卫和他的同学们一起兴冲冲地冲进帝国大厦，挤进电梯。因为老师组织他们来帝国大厦参观。

大卫冲向观景台。帝国大厦周围依然云雾缭绕。

观景台里也是云雾缭绕。大卫似乎在寻找着什么。

大卫走向一个观景望远镜。大卫走过了那个观景望远镜。

"哦，不！我看不清东西了！"大卫眯着眼睛说。

"咦，我的帽子、围巾和手套呢？"大卫四下寻找着。

"上帝！妈妈要是知道我丢了帽子、围巾和手套，还不知道会把我怎么样呢？"

大卫突然发现自己的帽子、围巾和手套在一朵云上，他先是惊讶，后是生气。

"原来是你这个小家伙偷了我的帽子、围巾和手套！"大卫摘下围巾和手套，刚要去摘帽子，云朵着急了："不好不好！摘了帽子我就跟别的云朵一样啦！"

"那……我的帽子……""唉，这样吧，我给你做个云朵帽子和云朵围巾吧！"

大卫觉得云朵帽子和云朵围巾好舒服。大卫正享受着呢，突然，云朵帽子和云朵围巾散掉了。大卫转过头来看着云朵，云朵说："我不想永远附在你身上！"

云朵说："作为补偿，我带你去一个好玩的地方。来，把眼睛放到观景望远镜上来。"

"哇！这么多云！""我还要给你表演呢！看，下雪就是这样的。"

"云朵，有人来了！"

云朵赶紧变成一把椅子，并把帽子戴到大卫头上。大卫坐在云朵椅子上，吹着口哨，一副若无其事的样子。人走过去了，云朵慌慌张张地从大卫屁股底下钻出来，并把帽子摘下来戴到自己头上。大卫则从云朵椅子上跳下来，捂着肚子狂笑："哈哈哈哈……"

雾散了，天气放晴了。"哎，对了，云朵，你要带我去的那个好玩的地方到底在哪里啊？什么时候带我去啊？"

"还记得我给你看的那些云吗？""记得。""那些云都是从一个工厂里生产出来的。工厂的名字叫七号梦工厂。七号梦工厂也是我的出生地，那些云都是我的兄弟。""梦工厂？好玩！云朵，那我们出发吧！""好啊！那你坐到我身上来吧！"大卫觉得腾云驾雾的感觉真好！

于是，云朵载着大卫飞出了帝国大厦。

大卫看到了一个奇形怪状的东西，这个东西上的管子在不断喷出云来。大卫想这应该就是七号梦工厂吧。一路上还有云向他招手。

大卫看到有一个门上刻着：云朵分派中心。这里管子的种类有：采集口、派送出口。

云朵和大卫找了个采集口钻了进去，和他们一起钻进去的还有很多云。大卫从管子里出来的时候，一不小心，啪地摔了下来，云朵一下子就揽住了大卫，因为有一朵云做了一个嘘的手势，提醒他们旁边有人。

从管道出来以后，就要进采集入口。里面有个登记站，所有云都要从这过。还有两个大牌子，分别是采集登记牌和派送登记牌。在过登记站的时候，云朵把大卫藏在它下面，以免被工作人员发现。过了登记站，就要去签约站了。

到了签约站，云就要拿图纸了。图纸上是什么样的，你这朵云就得是什么样的。大卫发现似乎所有的云拿到图纸之后都面带怒色。不过他可没时间管这些，因为他正和一大群云握手呢！

大卫终于明白那些云为什么要跟他握手了。握完手之后，云纷纷拿出了自己的图纸，展开给大卫看，并且七嘴八舌地说："大卫，我们的图纸太难看了，都是棉花样的，你给我们改改吧！""是啊，好大卫，帮帮我们吧！"大卫一看，心里也不舒服。对啊，谁愿意天天一抬头总看见棉花呢？

云朵把大卫带到一朵巨型星形云面前，说："大卫，这就是我们的试验品，你先给它画一张吧！"大卫仔细打量着这朵云，过了一会儿，大卫低下头来刷刷地画着。又过了一会儿，大卫抬起头来，咬着笔杆，仔细打量着他这张画。云朵看了看，说："大卫，就这样吧！""好吧。"大卫边说边举起画。星形云"扑"的一下变成了画上的鱼形云。大家羡慕死了，于是，都来找大卫画图纸。云朵自愿当起了发票员，云朵把一张纸撕成一片一片的，上面写上数字，其他云排队去拿号，拿到号才能去找大卫画图。

工作人员一看到从签约站里钻出来了无数鱼形云，顿时就急了。站长带着一帮子人去把它们变回来。云们即使不甘心也没办法。突然，一名工作人员发现了大卫，并且叫来了站长。站长看着大卫，一名工作人员看着云朵。

站长拉起大卫就走，云朵则被另一名工作人员带走了。站长把大卫拉到出租车站，对一朵出租车云进行了指示。出租车云想了想，搭上了大卫。

出租车云带着大卫飞向帝国大厦。快到帝国大厦的时候，大卫意外地发现，他的伙伴……云朵，竟然就在他前面，它依然戴着大卫的帽子！

回到观景台，大卫和云朵来了个热情拥抱。突然，大卫发现他的老师在电梯里正准备尖叫，大卫赶忙做了个鬼脸，说："我要回去了。"云朵摘下帽子，戴到大卫头上。大卫挤进了电梯。大卫在电梯里是腾空的！大卫跑的时候也是腾空的！大家都以奇怪的眼神看着大卫。到了大厦外面，云朵又把帽子戴回自己头上。

全城人都在抬头看云，猫咪们趴在窗户上看，鱼儿们甚至跳出水面来看。天哪！鱼形云怎么出来了呢？原来是工作人员觉得鱼形也不错，就让他们出来了。

大卫坐在校车里，云朵跟在校车后面，天上飞着鱼形云，大卫觉得真有成就感！

大卫当天晚上睡觉可不是在床上睡的，是在天上睡的。因为有一朵云托住他，大卫睡得可香了！猫咪蹲在地上，傻傻地抬头看着大卫。

大卫觉得今天真是个奇妙的日子。

❄ 微博在线 ❄

大卫·威斯纳，是美国顶尖插画家，也是得奖常胜军。他的作品向来广受各方瞩目，多次赢得美国凯迪克大奖评审青睐，其作品曾获得美国图书馆学会推荐童书、蓝缎带好书榜、《号角》杂志评选最佳童书、纽约市立图书馆好书100、《纽约时报》年度推荐童书、《亲子》杂志阅读魔力奖、《出版人周刊》杂志年度最佳好书、《学校图书馆》杂志年度最佳好书等奖项。

神秘岛

[法] 凡尔纳

内容介绍

　　故事叙述在美国南北战争的时候，有五个被围困在南军城中的北方人，趁着偶然的机会乘气球脱逃了。途中气球被风暴吹落在太平洋中的一个荒岛上。五个遇难人，以集体的智慧和劳动，创造了生活上所必需的物质财富。每当他们遇到危急时，就似乎有个神秘的人在援助他们，原来这人就是《海底两万里》一书中的主人公，潜水艇"鹦鹉螺"号的发明者、反抗压迫的战士——尼摩船长。最后，他们终于回到了祖国的怀抱。

片段赏析

　　刚才被飓风抛上岸的那些人，既不是热气球的职业驾驶员，也不是空中探险的业余爱好者。那是些战俘。是他们的勇敢大胆促使他们在特殊情况下逃跑的。他们本该死了上百次了！破裂的气球本该有上百次把他们抛进深渊了！可是上苍要留着他们来经历一种奇特的命运，而 3 月 24 日，在逃离了被尤利赛斯·格兰特将军的部队围困的里士满，他们便来到了离弗吉尼亚的这个首府的7000 海里之处。在可怕的南北战争期间，里士满是分离主义者们的最重要的要塞。他们的空中航行持续了 5 天。

　　此处，我们来看一看，战俘们的逃跑是在何种奇怪的情况下发生的，而这逃跑，将导致我们正在了解的那场灾难。

　　就在那年，在 1865 年 2 月，为了夺取里士满，格兰特将军搞了几次突然袭击，可都没成功，其中一次，有好几位军官落入了敌人的手中，并被关押在城里。被俘的人中的最杰出者之一，是属于联邦参谋部的，他叫赛勒斯·史密斯。

　　赛勒斯·史密斯是马萨诸塞州人，是一名工程师，也是一位一流的学者，战时，联邦政府委托他领导铁路方面的工作，而铁路的战略作用在当时是极其重要的。他是真正的北美人，一副瘦骨嶙峋、皮包骨头的样子，年龄大约在 45 岁，他的平顶式头发和胡子已经花白，而他只蓄了一副浓密的髭须。

　　他的发型很漂亮，酷似"货币人头像"，那类发型像是专供轧制纪念章、奖章用的。他目光如炬，嘴巴很严肃，相貌是富有战斗精神的学派的学者所具有的。一如有些将军愿意从当普通兵开始，有些工程师愿意从使用镐锤做起，他正是其中之一。因此，他不仅具有创造精神，手还极巧。他的肌肉明显具有身强体健的特征。的确，他既是一位行动者，同时又是一位思想家，他干什么都毫不费力，因为他生命力很旺盛，具有挑战一切厄运的永恒的持久力。他学识渊博，经验丰富，"很有办法"，用法国的军中行话来说。

❋ 微博在线 ❋

　　儒勒·凡尔纳，19世纪法国著名的科幻小说和冒险小说作家。他自幼酷爱科学，又喜欢幻想，但他在大学学的却是法律。原本他也是打算毕业后当律师的，后因为偶然结识著名文学家大仲马，在后者的鼓励下，转而走向文学创作之路。1863年起，他开始发表科学幻想冒险小说，以总名称为《在已知和未知的世界中奇异的漫游》一举成名。被誉为"现代科学幻想小说之父"，其代表作为三部曲《格兰特船长的儿女》《海底两万里》《神秘岛》。他总共创作了66部长篇小说或短篇小说集，主要作品还有《气球上的星期五》《地心游记》《机器岛》《漂逝的半岛》《八十天环游地球》等20多部长篇科幻历险小说。

苏菲的世界

［挪威］乔斯坦·贾德

‖内容介绍‖

　　14岁的少女苏菲某天放学回家，收到了一封神秘的信——"你是谁？世界从哪里来？"

　　从这一天开始，苏菲不断接到一些极不寻常的来信，世界像谜团一般在她眼底展开。

　　在一位神秘导师的指引下，苏菲开始思索从古希腊到康德，从祁克果到弗洛伊德等各位大师所思考的根本问题。

　　她运用少女天生的悟性与后天知识，企图解开这些谜团。然而，事实真相远比她所想的更怪异、更离奇……

　　《苏菲的世界》，既是智慧的世界，也是梦的世界。它将会唤醒每个人内心深处对生命的赞叹与对人生终极意义的关怀和好奇。

片段赏析

伊甸园

......

当苏菲开始思考有关活着这件事时，她也开始意识到她不会永远活着。

她想："我现在是活在这世上，但有一天我会死去。"人死之后还会有生命吗？这个问题猫咪也不会去想。这倒是它的福气。

苏菲的祖母不久前才去世。有六个多月的时间，苏菲天天都想念她。生命为何要结束呢？这是多么不公平呀！苏菲站在石子路上想着。她努力思考活着的意义，好让自己忘掉她不会永远活着这件事。然而，这实在不太可能。现在，只要她一专心思索活着这件事，脑海中便会马上浮现死亡的念头。反过来说也是如此：唯有清晰地意识到有一天她终将死去，她才能够体会活在世上是多么美好。这两件事就像钱币的正反两面，被她不断翻来转去，当一面变得更大、更清晰时，另外一面也随之变得大而清晰。生与死正是一枚钱币的正反两面。

"如果你没有意识到人终将死去，就不能体会活着的滋味。"她想。然而，同样的，如果你不认为活着是多么奇妙而不可思议的事时，你也无法体会你必须死去的事实。

苏菲记得那天医生说告诉祖母她生病了时，祖母说过同样的话。她说："现在我才体会到生命是何等可贵。"大多数人总是要等到生病后才了解，能够活着是何等的福气。

这是多么悲哀的事！或许他们也应该在信箱里发现一封神秘的来信吧！也许她应该去看看是否有别的信。

苏菲匆匆忙忙走到花园门口，查看了一下那绿色的信箱，她很惊讶地发现里面居然有另外一封信，与第一封一模一样。她拿走第一封信时，里面明明是空的呀！这封信上面也写着她的名字。她将它拆开，拿出一张与第一封信一样大小的便条纸。

纸上写着：世界从何而来？苏菲想："我不知道。"不用说，没有人真正知道。不过苏菲认为这个问题的确是应该问的。她生平第一次觉得生在这世界上却连"世界从何而来"这样的问题也不问一问，实在是很不恭敬。

这两封神秘的信把苏菲弄得脑袋发昏。她决定到她的老地方去坐下来。这个老地方是苏菲最秘密的藏身之处。当她非常愤怒、悲伤或快乐时，她总会来到这儿。而今天，苏菲来此的理由却是因为她感到困惑。

苏菲家的这栋红房子坐落在一个很大的园子中。园里有很多花圃、各式各样的果树，以及一片广阔的草坪，上面有一架沙发式的秋千与一座小小的凉亭。这凉亭是奶奶的第一个孩子在出生几周便夭折后，爷爷为奶奶兴建的。孩子的名字叫做玛莉。她的墓碑上写着："小小玛莉来到人间，惊鸿一瞥魂归高天。"

在花园的一角，那些树莓树丛后面有一片花草果树不生的浓密灌木丛。事实上，那儿原本是一行生长多年的树篱，一度是森林的分界线。然而由于过去二十年来未经修剪，如今已经长成一大片，枝叶纠结，难以穿越。奶奶以前常说战争期间这道树篱使得那些在园中放养的鸡比较不容易被狐狸捉去。

如今，除了苏菲以外，大家都认为这行老树篱就像园子另一边那个兔笼子一般，没有什么用处。但这全是因为他们浑然不知苏菲的秘密的缘故。

自从解事以来，苏菲就知道树篱中有个小洞。她爬过那个小洞，就置身于灌木丛中的一个大洞穴中。这个洞穴就像一座小小的房子。她知道当她在那儿时，没有人可以找到她。

手里紧紧握着那两封信，苏菲跑过花园，而后整个人趴下来，钻进树篱中。里面的高度差不多勉强可以让她站起来，但她今天只是坐在一堆纠结的树根上。她可以从这里透过枝丫与树叶之间的隙缝向外张望。虽然没有一个隙缝比一枚小钱币大，但她仍然可以清楚地看见整座花园。当她还小时，常躲在这儿，看着爸妈在树丛间找她，觉得很好玩。

苏菲一直认为这个花园自成一个世界。每一次她听到《圣经》上有关伊甸园的事时，她就觉得自己好像坐在她的小天地，观察属于她的小小乐园一般。

世界从何而来？她一点也不知道。她知道这个世界只不过是太空中一个小小的星球。然而，太空又是打哪儿来的呢？很可能太空是早就存在的。如果这样，她就不需要去想它是从哪里来了。但一个东西有可能原来就存在吗？她内心深处并不赞成这样的看法。现存的每一件事物必然都曾经有个开始吧？因此，太空一定是在某个时刻由另外一样东西造成的。

不过，如果太空是由某样东西变成的，那么，那样东西必然也是由另外一样东西变成的。苏菲觉得自己只不过是把问题向后拖延罢了。在某一时刻，事物必然曾经从无到有。然而，这可能吗？这不就像世界一直存在的看法一样不可思议吗？他们在学校曾经读到世界是由上帝创造的。现在苏菲试图安慰自己，心想这也许是整件事最好的答案吧。不过，她又再度开始思索。她可以接受上帝创造太空的说法，不过上帝又是谁创造的呢？是它自己从无中生有，创造出它自己吗？苏菲内心深处并不以为然。即使上帝创造了万物，它也无法创造出它自己，因为那时它自己并不存在呀。因此，只剩下一个可能性了：上帝是一直都存在的。然而苏菲已经否认这种可能性了，已经存在的万事万物必然有个开端的。

哦！这个问题真是烦死人了，她再度拆开那两封信。

你是谁？世界从何而来？什么烂问题嘛！再说，这些信又是打哪儿来的呢？这件事几乎和这两个问题一样，是个谜。

是谁给苏菲这样一记当头棒喝，使她突然脱离了日常生活，面对这样一个宇宙的大谜题。苏菲再度走到信箱前。这已经是第三次了。邮差刚刚送完今天的信。苏菲拿出了一大堆垃圾邮件、期刊以及两三封写给妈妈的信。除此之外，还有一张风景明信片，上面印着热带海滩的景象。她把卡片翻过来，上面贴着挪威的邮票，并盖着"联合国部队"的邮戳。

……

卡片上写着：亲爱的席德：你满十五岁了，生日快乐！我想你会明白，我希望给你一样能帮助你成长的生日礼物。原谅我请苏菲代转这张卡片，因为这样最方便。"爱你的老爸。"苏菲快步走回屋子，进入厨房。此刻她的思绪一团混乱。

这个席德是谁？她的十五岁生日居然只比苏菲早了一个月。

她去客厅拿了电话簿来查。有许多人姓袭，也有不少人姓习，但就是没有人姓席。

她再度审视这张神秘的卡片。上面有邮票也有邮戳，因此毫无疑问，这不是一封伪造的信。

怎么会有父亲把生日卡寄到苏菲家？这明明不是给她的呀！什么样的父亲会故意把信寄到别人家，让女儿收不到生日卡呢？为什么他说这是"最方便"的呢？更何况，苏菲要怎样才能找到这个名叫席德的人？现在，苏菲又有问题要烦恼了。她试着将思绪作一番整理：今天下午，在短短的两小时之内，她面临了三个问题。第一个是谁把那两个白色的信封放在她的信箱内，第二个是那两封信提出的难题，第三个则是这个席德是谁。她的生日卡为何会寄到苏菲家？苏菲相信这三个问题之间必然有所关联。一定是这样没错，因为直到今天以前，她的生活都跟平常人没有两样。

微博在线

　　乔斯坦·贾德，是一位世界级的作家，1952年8月8日出生于挪威首都奥斯陆，大学时主修哲学、神学以及文学，并于奥斯陆大学得斯堪那维亚文学系挪威文组的学位，曾担任文学与哲学教师，自1986年出版第一本著作以来，已成为当代最重要的北欧作家。其后十年在芬兰教授哲学，于1991年成为一位全职作家。1991年《苏菲的世界》出版后，成为挪威、丹麦、瑞典和德国的畅销书，销量达到300万册。

再见了，艾玛奶奶

［日本］Atsuko Otsuka

内容介绍

　　本书通过艾玛奶奶的爱猫——思达的眼睛，记录了奶奶从获知身患绝癌（多发性骨髓癌）到去世的这段日子。照相机镜头追踪着这只猫所看到的奶奶，如实地反映了死神给奶奶的身体带来的变化。通过一张张照片，我们可以看到，艾玛奶奶日渐虚弱。

　　此外，书中的照片还告诉我们，死亡的瞬间是很平静的。死亡原来是这样降临的，可能连很多成年人都不知道。

　　关注死亡，讨论死亡，也就是认识"生命之重要、生命之宝贵"的过程。

　　很少有孩子会问"人死了以后会怎样"这样的问题。因为成人不愿意涉及死亡这样沉重的话题，他们自己也很少有机会认识到，生命其实是有限的。

　　本书用镜头清晰地向我们展现了死亡这一过程和死亡本身。有人认为，不仅是孩子，父母也应该读一读这本书。"人的生命是有限的""每个人都会面临死亡""死亡降临时并不痛苦"，这样的人生真理，难道我们不应该和孩子们一起好好分享吗？

片段赏析

　　我叫思达，八岁了，是一只混血公猫。

　　两岁那年，艾玛奶奶把我带回了家。

　　那一年，夏天快过去的时候，医生告诉艾玛奶奶，她生病了，活不了多长时间了。

奶奶离开这个世界前，我们度过了一段非常幸福的时光。

……

奶奶好像一点都不悲伤。

她说："也许，我很快就无法走路，无法进食，一件一件的，可能我都无法再做到了。但这些，不过是我的身体在为一次遥远的旅行作准备。"

她的脸上，没有一点恐惧的表情。

"因为，死啊，就是灵魂离开这个肉体，离开这个地方，到另一个地方去啊。"

我第一次见到艾玛奶奶是在1997年的夏天。当时我正在离艾玛奶奶家不远的一个女子监狱，采访那里的服刑人员是如何培育看护犬的。在那里，一个很偶然的机会，我认识了年轻的义工布莱安，他就是艾玛奶奶的外孙。他带我去了他的家，拜访了奶奶，从那以后，我每次从日本到美国去采访时，都住在奶奶家。奶奶还特地给我准备了一个房间，她对我好极了，称我为她的"第十三个孙女"。

艾玛奶奶的丈夫没有工作，多年来她一直支撑着一家七口人的生活。即使已经八十多岁了，每次外出，她还是会精心地化妆，穿戴得十分整齐。她就是这样一个优雅的人。当我知道她得了多发性骨髓癌（一种血液癌），生命已经不长久时，我决定守在我从心底敬爱的奶奶身边，看她怎样面对死亡，度过生命最后的时光。我还有一个非常强烈的愿望，就是用照片将之记录下来。当我小心翼翼地提出我的想法时，奶奶这样回答我：

"你是我的孙女啊，想拍就拍吧。不过不能拍我摘掉假牙的那张脸噢！"

我得到了奶奶的许可，在她生命结束前的最后两个月，住进了她的房间，成了照顾她的很多人中的一员，一直到她离开这个世界。通过这件事，我好像了解了一点点，人是怎样从这个世界踏进另一个世界的。

比如，艾玛奶奶睡着的时候，不知为什么脸上总会现出严肃的表情，看上去非常痛苦。而当她睁开眼睛，我问她"没事吗"的时候，她又会带着明朗的表情说：

"人们都说，人死后会在另一个世界回顾自己的一生。我刚才是在睡梦中经历那个过程呢！我们的一生，就像一幅拼图，由一个个片段组成一幅巨大的图画。当我们拼完这幅画，看到完整的画面时，我们才总算明白了那些原来不理解的事。"

还有，艾玛奶奶临终前一天的眼神也与往常不同。她的眼睛看着我，视线却似乎落在我身后某个遥远的地方。我想知道她看到了什么，便问她："您好像在看远处？"奶奶回答说："今天，是我踏上旅途的日子了！"

艾玛奶奶想在自己的家里度过最后的日子，于是选择了慈济院的护理。美国的慈济院不会接收病人住院，而是派出护理员、医生、义工等人员到病人的家中，帮助病人在家里生活。因此，病人的家属，对人的肉体是经过怎样的过程走向死亡的，以及应该如何照顾病人走完人生的最后旅程，都要有一些知识与心理准备。所以艾玛奶奶和她的家人，能很坦诚地谈论死亡，以及必经的死亡之路。

艾玛奶奶说过："如果我出血后流血不止，不用把我送到医院，我想死在家里。"所以，当艾玛奶奶流鼻血止不住时，家人知道最后的时刻即将来临，他们没有叫救护车，而是为奶奶点上蜡烛，彻夜不眠地守在她的身边。奶奶的爱猫也似乎知道即将发生什么，它一会儿坐在奶奶的膝前，一会儿躺在奶奶的枕边，寸步不离。

在家人吃晚饭的时候，艾玛奶奶静静地停止了呼吸，她的表情很安详。9月11日，夏天已经接近尾声，夕阳的光辉温柔地透过窗户射进来……一如奶奶所愿，在夏日即将结束的时候，她离去了。

艾玛奶奶死后两个星期，她的家人和朋友们聚在一起，遵照她的遗愿，把她的骨灰撒进了大海。然后大家郑重而庄严地举起了香槟，为艾玛奶奶85年的人生干杯。

为什么艾玛奶奶的家人能如此坦然乐观地接受这个结局呢？可能是因为，奶奶活出了最后的尊严，她的家人理解并且尊重她的心愿。艾玛奶奶很平静地决定了自己的治疗方案，尽量为自己的死做好准备，这一切也许全都源于她对家人深深的爱。当某个人离开这个世界后，如果有人还在追悔"假如那个时候我那样做就好了"，那肯定是一件非常痛苦的事。艾玛奶奶一定不想给任何人留下那样的痛苦与遗憾。

艾玛奶奶的家人说这是奶奶留给他们的"最后的礼物"，直到现在他们仍充满了感激。艾玛奶奶没有留下任何叹息与悔恨，而是将很多很多的爱留在了人间。

微博在线

Atsuko Otsuka，1960年生，上智大学文学部英文系毕业。做过公司职员，1986年开始为报纸拍摄照片。曾深入现场，拍摄过菲律宾人民军、中东、巴勒斯坦群众暴动、天安门事件、海湾战争等国际事件。也拍摄过海豹、海驴、狐猿等野生动物。1990 年开始参加拍摄以美国为舞台的"人类档案"（Human Document），记录与艾滋病搏斗的女性的生活，获得了 1998 年"准太阳奖"。著作有《海豹宝宝》（1、2）《生命的馈赠》《狗给了我生活的力量》《帮助犬塔莎》等。

大卫·科波菲尔

[英]狄更斯

内容介绍

大卫·科波菲尔尚未来到人间，父亲就已去世，他在母亲及女仆皮果提的照管下长大。不久，母亲改嫁，后父摩德斯通凶狠贪婪，他把大卫看做累赘，婚前就把大卫送到皮果提的哥哥家里。皮果提是个正直善良的渔民，住在雅茅斯海边一座用破船改成的小屋里，与收养的一对孤儿（他妹妹的女儿爱米丽和他弟弟的儿子海穆）相依为命，大卫和他们一起过着清苦和睦的生活。

片段赏析

于是，在上床前，我坐在卧室里给她写信。我告诉她我已见过他了，他求我告诉她我在本书适当之处已写过的那番话。我忠实地复述，就算我有权利夸大，我也不需要夸大。那一番话那么真挚和善良，不需要我或任何人予以润色修饰。我把信放在外面，准备一早就送出；还附了一行给皮果提先生，请他把信转交给她；这以后我就去睡了，时值破晓。

可是我一直到太阳出来才睡着，所以一直很累很无力。第二天我一直躺到很迟，精神很差。我姨奶奶悄悄来到床前把我惊醒。我在睡着时也感觉到她在我身边，相信我们大家都会有这种感觉。

"特洛，我亲爱的，"我睁开眼时，她说道，"我正犹豫不决，是不是该把你叫醒。皮果提先生来了，要他上来吗？"

我答应说要，不一会儿他就上来了。

"卫少爷，"我们握过手后，他说道，"我把你的信交给了爱米丽，少爷，她就写了这个；并求我请你看看。如果你认为这中间没什么不妥的，就请你转交。"

"你看过了吗？"我说道。

他悲伤地点点头。我打开信，看到：

"我已得到你的口信。哦，我能怎么写才能感谢你对我的那仁慈而纯洁的善心呢？我把那些话牢记在心，至死不忘。那些话是些很锋利的刺，不过也是极度的安慰。

"我为那些话祷告，哦，我祷告得很多。当我知道你是怎样，舅舅是怎样，我觉得上帝也是怎样的，我可以向他哭诉。永别了。现在，我亲爱的，我的朋友，在这个世界上，我们永别了。在另一个世界上，如果我得到赦免，我可以成为一个小孩去你那里。无限感激。无限祝福。祝你永远平安。"

这就是那封泪痕斑斑的信。

"我可以告诉她，说你认为没有不妥，答应替她转交吗，卫少爷？"我看完后，皮果提先生说道。

"没问题，"我说道，"不过，我想——"

"哦，卫少爷？"

"我想，"我说道，"我要再去雅茅斯。在你们船开以前，我还有足够的时间来回一趟。我一直挂念着怀着孤独寂寞之心的他；这一次我把她亲笔写的信交到他手上，然后你可以在出发前告诉她，他已收到信了，这会对他们双方都是一桩善举。我郑重地接受了他的委托，亲爱的好人，我要做得越周到越好。这段路于我不算什么。我心里很躁郁，活动活动要好些。今天晚上我就动身。"

虽然他一个劲想劝阻我，但我明白他也同意我那么做，我也知道，就算我的想法本来不坚定，现在也坚定了。他在我的请求下，去售票处为我在邮车上订了个座位。那天晚上，我坐上车，走上我曾怀着无限沉浮之感来往于其间的那条大路。

"你不觉得，"在离开伦敦后的第一个站上，我问那个车夫道，"天色很特别吗？我不记得我见过这种天色呢。"

"我也不记得——没像这样的。"他回答道，"那是风呀，先生，我想，海上就要出事了。"

那疾驰的云一片暗黑色，像是染上了从湿柴上冒出的烟的那种杂乱颜色一样，它在空中起伏翻腾成令人心惊的一堆，高得叫人以为那云堆的高度比从天上穿到地下最深的洞底还要大；月亮像发了疯一样，什么也不顾地要从那云堆钻过去，仿佛受于自然规律可惊的变化也让她迷了路，迷了心智。风已经刮了整整一天；而那时风声仍很大，仍在刮。又过了两小时后，风更猛更厉，天色更阴暗了。

到了夜色更深时，云密密聚合在一起，把已经很暗的天空又严严实实地铺了个满；风越来越猛了，风势仍在增大，直到我们的马也几乎不能顶风而行了。在那一晚上最黑的时候（时已值 9 月底，夜已不短了），车前的引路马几次转过身来或僵立不动；我们常常担心马车会被吹翻，一阵阵雨急急地像刀一样落下，在这种时候，只要有墙或树可以躲躲，我们就马上停下，因为我们再也不能坚持了。

破晓时，风更刮得猛了。过去，我在雅茅斯时，听船上的人说过飓风如大炮，可我还从没见过这种风，或任何与此相近的风。我们来到伊普斯维奇时已很晚了。自离开伦敦 10 英里后，我们就只好一寸一寸往前挪。我们发现集市上有一群人，这些人因为害怕烟囱被吹掉，夜里就起床了。我们换马时，聚集在旅店前的一些人告诉我们说，在一个很高的教堂顶上的铁皮都被掀掉了而落在一条横街上，把那条街也阻断了。另一些人告诉我们，说有几个从附近村子里来的人，曾见到一些大树被从土里拔出来而横倒在地上，还见到整个整个吹到田间和路上落下的干草垛。那暴风雨未见变弱，还势头更猛了。

我们挣扎着向前时，越临近海边（大风从海里全力向岸上吹），风势越强烈得可怕。早在我们望见海之前。我们的嘴唇上就溅上了海里的飞沫，我们身上就喷着了咸咸的海水。海水流出来，把雅茅斯附近好几里的平原淹没；每一个小水洼，每一条水沟，都使劲拍打着围岸，鼓足它们那小小浪花的力量向我们勇猛进攻。我们看到海时，地平线上时时有浪头从翻滚的深渊腾起，就像是对岸出现了忽隐忽现的高塔和高建筑一样。我们终于来到镇上时，东倒西歪的人们来到车门口，风把他们的头发吹得高高飘起，他们对在那样的晚上邮车还能赶到表示惊诧。

我在那家老旅店订下床位后，便沿着沙草横飞、海沫四溅的街去看海，一路上我得小心提防着吹坠的石板和瓦片，拉住被风吹得天旋地转的街角处过路人的衣角，艰难地往前行走。我来到海边时，看到在建筑物后躲着的不仅仅是船夫，镇上一半的人都来了；一些人不时顶着风去看海，然后被吹得跟跟跄跄回来。

我站到这些人群中，发现妇人们在哭泣，因为她们的丈夫乘着捕鱼的或捕蚝的船儿出海，而这样的船在到达安全地点后沉没的可能性太大了。人群中还有头发已灰白的老水手，他们看着水面上的天，一边摇头，一边相互小声说着什么；还有焦急紧张的船主们，有挤在一起看着大人脸色的小孩，有激动而不安的健壮船夫，后者从掩护着他们的物体后用望远镜观察大海，好像观察一个敌人一样。

　　在一阵阵吹得人睁不开眼的狂风中，在飞舞旋转的沙石和可怕的喧闹声中终于得到一个暂时的间歇而足以看看海时，我被那海吓得不知所措了。高高的水墙一堵接一堵冲过来，达到最高峰后跌下时，似乎连它们中最小的一堵也能吞没这个市镇。退却的海涛轰隆一声往后撤去，似乎要在海边挖一个深深的坑，要把地面毁坏。浪头白花花的巨浪轰轰然扑向海岸，在到达陆地前就撞击得粉碎，每一片碎浪都饱含了一切的愤怒力量，急急忙忙又重新组合成另一个怪物。起伏的高山变成了深谷，起伏的深谷（不时从那中间飞过孤零零的海燕）又变成了高山。大量大量的海水发出震耳的轰鸣声震动着、摇撼着海岸；随着每声轰鸣而来的海潮聚成一种形象，然后马上变幻并离去，在这同时又把另一股奔腾的潮水击退、驱开；在地平线那头像彼岸的高塔和建筑的浪影时起时落；乌云急急地厚厚罩下；我似乎看到天崩地裂。

❆ 微博在线 ❆

　　狄更斯（1812—1870），19世纪英国批判现实主义小说家。狄更斯特别注意描写生活在英国社会底层的"小人物"的生活遭遇，深刻地反映了当时英国复杂的社会现实，为英国批判现实主义文学的开拓和发展作出了卓越的贡献。他凭借勤奋和天赋创作出一大批经典著作。马克思把他和萨克雷等称誉为英国的"一批杰出的小说家"。他的作品至今依然盛行，对英国文学发展起到了深远的影响。主要作品《匹克威克外传》《雾都孤儿》《老古玩店》《艰难时世》《我们共同的朋友》等。

人类的故事

[美] 亨德里克·威廉·房龙

内容介绍

亨德里克·威廉·房龙以磅礴之笔描述人类历史的浩荡长卷，以精细之眼窥探人类文明进程的细枝末节。通过介绍人类从起源至第一次世界大战的历史进程，回答了我们是谁、我们从哪里来、我们准备向哪里去的问题。大历史中包含小幽默，调侃中尽显睿智和冷静。

片段赏析

人类产生最晚，却是最先运用大脑征服自然之力的动物。这就是我们为什么要优先研究人类而不是猫、狗或马等其他任何动物的原因。尽管就这些动物的本身来说，它们各自的背后也都有非常有趣的历史发展过程。

最初，我们生活的这颗行星（就我们现在所知）是一个由燃烧着的物质形成的巨大的球体，是无边宇宙海洋里的一片小小的烟云。在几百万年的过程中，它的表面渐渐地自然烧毁，并被一层薄薄的岩石所覆盖。这些没有生命的坚硬的岩石上层受到雨水不断地冲刷和磨损，其碎屑被带到了充满蒸气的地球的高耸峭壁之间的山谷里。

最后，阳光穿过云层，照见了这颗小小的星球怎样为一些小水坑覆盖着。这些小水坑随后扩展成了东西两半球的大海洋。

于是，有一天，奇迹发生了，那些已经死亡的东西产生了生命。第一个有生命的细胞漂浮在海洋上面。

在数百万年的时间里，它随波逐流，漫无目的。但是在那期间，它发展了能在这个荒凉地球上顺利生存下来的某些习性。其中某些细胞尤其乐于生活在湖塘中黑暗的深处，植根于从山顶冲刷下来的淤泥中。这些细胞后来形成了植物，而另外的细胞则喜欢游动并长出了奇怪的有节的腿，并像蝎子似的开始在海底的植物和形同水母的淡绿色的物体之间爬行。仍有一些细胞（上面覆盖着鳞片）在觅食时借着游泳动作从一个地方到另外一个地方。它们逐渐形成为海洋中为数众多的鱼类。

同时，植物的数量也大量增加，它们必须寻找新的家园，海底已没有足够的空间提供给它们。它们只好离开水的世界，在沼泽和山脚下的泥岸上定下了新居。海洋一天两次的潮汐用咸水覆盖它们。在其余的时间里，这些植物则不断地适应这个不舒服的环境，努力在笼罩着地球的稀薄空气中存活了下来。经过许多世纪的磨炼，它们学会了如何像过去在水中那样惬意地生活在空气中。它们不断地变大，变成了灌木和丛林。最后它们也学会了怎样生出可爱的鲜花，以此来吸引忙碌的嗡嗡鸣叫的蜜蜂和鸟儿的注意，让它们把种子带向广阔的远方。

❄ 微博在线 ❄

房龙（1882—1944），荷兰裔美国人，历史学博士，著名学者，出色的通俗作家，文化普及的大师级人物。他当过教师、编辑、记者，屡经漂泊，同时苦练写作。他一生笔耕不辍，勤奋著述，独立完成了四十余部著作。代表作有《宽容》《人类的故事》《圣经的故事》等。他多才多艺，精通十种语言，拉小提琴也是把好手，还善于绘画，为自己的许多著作亲绘插图。

童年

［前苏联］高尔基

‖内容介绍‖

《童年》是高尔基以自身经历为原型创作的自传体小说三部曲中的第一部（其他两部分别为《在人间》《我的大学》）。讲述了阿廖沙（高尔基的乳名）三岁到十岁这一时期的童年生活，生动地再现了19世纪七八十年代俄国下层人民的生活状况，写出了高尔基对苦难的认识，对社会人生的独特见解，字里行间涌动着一股生生不息的热望与坚强。它内涵丰厚，耐人寻味，为我们描绘了一个精彩纷呈的精神世界。这部世界著名的自传体小说三部曲，通过一个渐渐长大的孩子阿廖沙的生活，以孩子的眼光来观察和了解他周围的世界，让我们看到了一个倔犟、富有同情心和不断追求的青少年形象和他在成长期所遇到的种种问题，以及所经受的各种心理考验。

❄ 片段赏析 ❄

第一节

昏暗窄小的房子里，我的父亲摊手摊脚地躺在窗户下面的地板上。
他穿着一身白衣裳，光着脚，手指无力地打着弯儿。

他快乐的眼睛紧紧地闭住了，成了两个黑洞；龇着牙咧着嘴，他像在吓唬我。

母亲跪在他旁边，用那把我常常用来锯西瓜皮的小梳子，为父亲梳理着头发。

母亲围着红色的围裙，粗里粗气地自言自语着，眼泪不停地从她肿大了的眼泡里流出来。

姥姥紧紧拉着我的手，她也在哭，浑身发抖，弄得我的手也抖起来。

她要把我推到父亲身边去，我不愿意去，我心里害怕！

我从没见过这种阵势，有一种莫名其妙的恐惧。

我不明白姥姥反复给我说的是什么意思：

"快，跟爸爸告别吧，孩子，他才那么点岁数，可是他死了，你再也别想见到他了，亲爱的……"

我一向信服我姥姥说的任何一句话。尽管现在穿一身黑衣服，她显得脑袋和眼睛都出奇的大，挺奇怪，也挺好玩。

我小的时候，得过一场大病，父亲看护着我，可是后来，我姥姥来了，他来照顾我了。

"你是哪儿的呀？"

我问。

"从下新城来的呀，坐船来的，不能走，水面上是不能走的，小鬼！"

她答。

在水上不能走！坐船！

啊，太可笑了，太有意思了！

我家的楼上住着几个大胡子波斯人；地下室住着贩羊皮的卡尔麦克老头儿；沿着楼梯，可以滑下去，要是摔倒了，就会头向下栽下去。

所有的这一切我都非常熟悉，可我却从来没听说过从水上来的人。

"我怎么是小鬼呢？"

"因为你多嘴多舌！"

她笑嘻嘻地说。

从那一刻起，我就爱上这个和气的老人了，我希望她领着我立刻离开这儿。

因为我在这儿实在太难受了。

母亲的哭号吓得我心神不定，她可是从来也没有这么软弱过，她一向是态度严厉的。

　　母亲人高马大，骨头坚硬，手劲儿特别大，她总是打扮得利利索索的。

　　可是如今不行了，衣服歪斜凌乱，乌七八糟的；以前的头发梳得光光的，贴在头上，像顶亮亮的大帽子，现在都耷拉在赤裸的肩上，她跪在那儿，有些头发都碰到了爸爸的脸。

　　我在屋子里站了好半天了，可她看也不看我一眼，只是一个劲儿地为父亲梳着头，泪水哗哗地流。

　　门外喊喊喳喳地站着些人，有穿黑衣服的乡下人，也有警察。

　　"行啦，快点收拾吧！"

　　警察不耐烦地吼叫着。

　　窗户用黑披肩遮着，来了一阵风，披肩被吹了起来，就像船帆似的鼓胀起来。

　　这声音让我想起了那次父亲带我去划船的事。我们玩着玩着，突然天上一声雷响，吓得我大叫一声。

　　父亲哈哈哈地笑起来，用膝盖夹住我，大声说："别怕，没事儿！"

　　想到这儿，我突然看见母亲费力地从地板上站起来，可没站稳，仰面倒了下去，头发散在了地板上。

　　她双目紧闭，面孔铁青，也像父亲似的一咧嘴："滚出去，阿列克塞！关上门。"

　　我一下跑到了角落里的一只箱子后面，母亲在地上打着滚儿，痛苦地呻吟着，把牙咬得山响。

　　姥姥跟着她在地上爬着，快乐地说："噢，圣母保佑！

　　"以圣父圣子的名义，瓦留莎，挺住！"

　　太可怕了！

　　她们在父亲的身边滚来爬去，来回碰他，可他一动不动，好像还在笑！

　　她们在地板上折腾了好半天，母亲有好几次站起来都又倒下了；姥姥则像一个奇怪的黑皮球，跟着母亲滚来滚去。

　　突然，在黑暗中，我听见一个孩子的哭声！

　　"噢，感谢我的主，是男孩！"

　　点着了蜡烛。

　　后来的事儿我记不清了，也许是我在角落里睡着了。

　　我记忆中可以接上去的另外的印象，是坟场上荒凉的一角。

　　下着雨，我站在粘脚的小土丘上，看着他们把父亲的棺材放进墓坑。

　　坑里全是水，还有几只青蛙，有两只已经爬到了黄色的棺材盖上。

站在坟旁边的，有我、姥姥、警察和两个手拿铁锹脸色阴沉的乡下人。

雨点不停地打在大家的身上。

"埋吧，埋吧！"

警察下着命令。

姥姥又哭了起来，用一角头巾捂着脸。

乡下人立刻撅起屁股来，往坑里填土。

土打在水里，哗哗直响；那两只青蛙从棺材上跳了下来，往坑壁上爬，可是土块很快就又把它们打了下去。

"走吧，阿列克塞！"

姥姥拍了拍我的肩膀，我挣脱了，我不想走。

"唉，真是的，上帝！"

不知她是在埋怨我，还是在埋怨上帝。她默默地站在那儿，坟填平了，她还站在那儿，一动不动。

微博在线

高尔基（1868—1936），原名阿列克塞·马克西耶维奇·彼什科夫。前苏联无产阶级作家，社会主义现实主义文学的奠基人。他当过装卸工、面包房工人，贫民窟和码头成了他的"社会"大学的课堂。他与劳动人民同呼吸共命运，亲身经历了资本主义残酷的剥削与压迫。这对他的思想和创作发展具有重要影响。其作品有《小市民》《底层》《母亲》《童年》《海燕》等。

基督山伯爵

[法] 大仲马

‖内容介绍‖

　　《基督山伯爵》（又称《基督山复仇记》）是法国作家大仲马的杰出作品。主要讲述了19世纪一位名叫爱德蒙·堂泰斯的大副受到陷害后的悲惨遭遇以及日后以基督山伯爵身份成功复仇的故事。故事情节曲折生动，处处出人意料。急剧发展的故事情节，清晰明朗的完整结构，生动有力的语言，灵活机智的对话使其成为大仲马小说中的经典之作。具有浓郁的传奇色彩和很强的艺术魅力。

❀片段赏析❀

（一）

　　基督山先生按照他往常的习惯，一直等到本普里兹唱完了他那曲最有名的《随我来》，才起身离开。莫雷尔在门口等他与他告别，并再一次向他保证，说第二天早晨七点钟一定和艾曼纽一同来。于是伯爵面带着微笑稳步地跨进车厢，五分钟以后回到家里。一进家门，他说："阿里，把我那对象牙十字的手枪拿来。"他说这句话的时候，凡是认识而且了解他的人，是绝不会误解他脸上那种表情的。

　　阿里把枪拿来交给他的主人，带着当一个人快要把他的生命托付给一小片铁和铅的时候那种关切的神情仔细地检查他的武器。这支手枪，是基督山特地定制的用它在房间里练习打靶用的。轻轻一推，弹丸便会飞出枪膛，而隔壁房间里谁也不会猜到伯爵正在如打靶家听说的那样练过。当他正把一支枪拿在手里，瞄准那只作为靶子用的小铁盆的时候，书房的门开了，巴浦斯汀走了进来。还没等他说话，伯爵就看见门口——门没有关——有一个头罩面纱的女人站在巴浦斯汀的后面。那女人看见伯爵手里握着枪，桌上放着剑，便冲了进来。巴浦斯汀望着他的主人，伯爵示意他一下，他便退出房间，随手把门关上。"您是谁，夫人？"伯爵对那个蒙面的女人说。

　　来客向四周环视了一下，确定房间里只有他们两个人时，便紧合双手，弯下身体，像是跪下来似的，用一种绝望的口气说："爱德蒙，请你不要杀死我的儿子！"

伯爵退了一步，轻轻地喊了一声，手枪从他的手里掉了下来。"您刚才说的是什么，莫尔塞夫夫人？"他说。

"你的名字！"她喊道，把她的面纱撩到到脑后面——"你的名字，或许只有我一个人还没有忘记这个名字。爱德蒙，现在来见你的不是莫尔塞夫夫人，而是梅瑟苔丝。"

"还活着，伯爵，而且她还记得你，因为她刚见你就认出了你，甚至在还没有见到你的时候，她就从你的声音——从你说话的声音——认出了你，爱德蒙，从那个时候起，她就步步紧跟着你，注视着你，而她不用问就知道是谁给了莫尔塞夫先生现在所受的打击。"

"夫人，你的意思是指菲尔南吧，"基督山以苦涩讥讽口气回答，"既然我们在回忆当年的名字，我们就把它们全都回忆起来吧。"

当基督山说到菲尔南这个名字的时候，他的脸上露出十分憎恨的表情，这使梅瑟苔丝有一股恐怖的寒流流进她全身骨骼。"你瞧，爱德蒙，我并没有弄错，我有理由说：'饶了我的儿子吧。'"

"谁告诉您，夫人，说我恨您的儿子？"

"谁都没有告诉我，但一个母亲是有一种双重直觉的。我已经猜出了，今天晚上，我跟踪他到剧院里，看到了一切。"

"假如您看到了一切，夫人，您就会知道菲尔南的儿子当众羞辱了我。"基督山用十分平静的口气说。

"噢，发发慈悲吧！"

"您看到，要不是我的朋友莫雷尔拦住了他，他可能已经把他的手套摔到我的脸上来了。"

"听我说，我的儿子也已猜出你是谁，他把他父亲的不幸全怪罪到你身上来了。"

"夫人，你弄错了，那不是一种不幸。而是一种惩罚，不是我在惩罚莫尔塞夫先生，而是上帝在惩罚他。"

"而为什么你要代表上帝呢？"梅瑟苔丝喊道，"当上帝已经忘记这一切，你为什么还记着呢？亚尼纳和它的总督与你有什么关系呢，爱德蒙？菲尔南－蒙台哥出卖阿里－铁贝林，这些让你有什么损失吗？"

"不错，夫人，"基督山答道，"这一切都是那法国军官和凡瑟丽姬的女儿之间的事情。这一切和我毫无关系，您说的不错。如果我曾经发誓要为我自己复仇的话，则我的复仇对象绝不是那个法国军官，也不是莫尔塞夫伯爵，而是迎……瑟苔丝的丈夫渔人菲尔南。"

"啊，伯爵，"伯爵夫人喊道，"厄运让我犯下的这桩过错是该得到这可怕的报复的！因我是有罪的人，爱德蒙，假如你必须向人报复的话，就应该向我报复，因为我不够坚强，不能忍受寂寞和孤独。"

"但是，"基督山叹了口气说，"为什么我会离开您？您为什么会孤独呢？"

"因为你被捕了，爱德蒙，因为你成了一个囚徒。"

"为什么我会被捕？为什么我会变成一个囚徒呢？"

"我不知道。"梅瑟苔丝说。

"您确实不知道，夫人，至少，我希望您不知道。但我现在可以告诉您。我之所以被捕和变成一个囚徒，是因为在我要和您结婚的前一天，在里瑟夫酒家的凉棚下面，一个名叫丹格拉尔的人写了这封信，而那个打鱼的菲尔南亲手把它投入了邮筒。"

❈微博在线❈

大仲马（1802—1870），法国 19 世纪积极浪漫主义作家，杰出的通俗小说家。大仲马自学成才，一生创作的各类作品达三百卷之多，主要以小说和剧作著称于世。享有"通俗小说之王"的称号。其代表作有《三个火枪手》《基督山伯爵》《二十年后》《布拉热洛纳子爵》等。

草叶集

〔美〕惠特曼

内容介绍

《草叶集》内容简介：美国现代诗歌之父沃尔特·惠特曼是19世纪著名的诗人、人文主义者。由于早年受到民主主义者托马斯·潘恩和爱默生的深远影响，他具有非常强烈的民主倾向以及空想社会主义思想。1839年起，他开始进行文学创作。1850年，开始在报纸上发表自由诗，表达自己对大自然的热爱和自由民主生活的赞颂。

惠特曼的经历，令他一反当时美国文坛脱离生活的陈腐贵族倾向，不为附炎宗教与现行制度而创作，也不附庸于上流社会品茗赏画的琐碎风雅。他的诗作对大自然的神奇、伟大进行了极力的赞美，对处于社会下层的体力劳动者进行了歌颂，其中大部分都被收入了《草叶集》。《草叶集》是惠特曼一生创作的总汇，也是美国诗歌史上一座灿烂的里程碑。在《草叶集》中，诗人站在激进资产阶级民主主义的立场上，对美国这块"民主的大地"进行了讴歌。

片段赏析

我自己的歌（节选）

一

我赞美我自己，歌唱我自己，我承担的你也将承担，
因为属于我的每一个原子也同样属于你。
我闲步，还邀请了我的灵魂，我俯身悠然观察着一片夏日的草叶。
我的舌，我血液的每个原子，是在这片土壤、这个空气里形成的，
是这里的父母生下的，父母的父母也是在这里生下的，他们的父母也一样，
我，现在三十七岁，一生下身体就十分健康，希望永远如此，直到死去。
信条和学派暂时不论，
且后退一步，明了它们当前的情况已足，但也绝不是忘记，
不论我从善从恶，我允许随意发表意见，顺乎自然，保持原始的活力。

<h2 style="text-align:center">二</h2>

屋里、室内充满了芳香，书架上也挤满了芳香，

我自己呼吸了香味，认识了它也喜欢它，

其精华也会使我陶醉，但我不容许这样。

大气层不是一种芳香，没有香料的味道，它是无气味的，

它永远供我口用，我热爱它，

我要去林畔的河岸那里，脱去伪装，赤条条地，

我狂热地要它和我接触。

我自己呼吸的云雾，

回声，细浪，窃窃私语，爱恨，丝线，枝橙和藤蔓，

我的呼和吸，我心脏的跳动，通过我肺部畅流的血液和空气，

嗅到绿叶和枯叶、海岸和黑色的海边岩石和谷仓里的干草，

我喉咙里迸出词句的声音飘散在风的旋涡里，

几次轻吻，几次拥抱，伸出两臂想搂住什么，

树枝的柔条摆动时光和影在树上的游戏，

独居，在闹市或沿着田地和山坡一带的乐趣，

健康之感，正午时的颤音，我从床上起来迎接太阳时唱的歌。

你认为一千亩就很多了吗？你认为地球就很大了吗？

为了学会读书你练习了很久吗？

因为你想努力懂得诗歌的含意就感到十分自豪吗？

今天和今晚请和我在一起，你将明了所有诗歌的来源，

你将占有大地和太阳的好处（另外还有千百万个太阳），

你将不会再第二手、第三手起接受事物，也不会借死人的

眼睛观察，或从书本中的幽灵那里汲取营养，

你也不会借我的眼睛观察，不会通过我而接受事物，

你将听取各个方面，由你自己过滤一切。

微博在线

沃尔特·惠特曼（1819—1892），生于纽约州长岛，美国著名诗人、人文主义者，他创造了诗歌的自由体，被誉为"美国现代诗歌之父"。他一生经历坎坷，早年辍学后进入印刷厂做学徒，后来分别做过排字工人、乡村教师、记者、报纸编辑、木工和泥水匠。其代表作品是诗集《草叶集》。